RAPHAEL'S ASTRONOMICAL

Ephemeris of the Planets' Places

for 2013

A Complete Aspectarian

Mean Obliquity of the Ecliptic, 2013, 23° 26′ 15″

INTRODUCTION

Greenwich Mean Time (G.M.T.) has been used as the basis for all tabulations and times. The tabular data are for Greenwich Mean Time 12h., except for the Moon tabulations headed 24h. All phenomena and aspect times are now in G.M.T. To obtain Local Mean Time of aspect, add the time equivalent of the longitude if East and subtract if West.

Both in the Aspectarian and the Phenomena the 24-hour clock replaces the old a.m./p.m. system.

The zodiacal sign entries are now incorporated in the Aspectarian as well as being given in a separate table.

BRITISH SUMMER TIME

British Summer Time begins on March 31 and ends on October 27. When *British Summer Time* (one hour in advance of G.M.T.) is used, subtract one hour from B.S.T. before entering this Ephemeris. These dates are believed to be correct at the time of printing.

foulsham
Capital Point, 33 Bath Road,
Slough, Berkshire, SL1 3UF, England

ISBN: 978-0-572-03911-0

A CIP record for this book is available from the British Library

Printed in Great B[illegible]

NEW MOON – Jan.11,19h.44m. (21°♑46′)

D M	D W	Sidereal Time	☉ Long.	☉ Dec.	☽ Long.	☽ Lat.	☽ Dec.	☽ Node	24h. ☽ Long.	24h. ☽ Dec.
		h m s	° ′ ″	° ′	° ′ ″	° ′	° ′	° ′	° ′ ″	° ′
1	T	18 45 12	11 ♑ 14 22	22 S 58	27 ♌ 03 29	5 S 08	7 N40	23 ♏ 34	3 ♍ 24 00	5 N31
2	W	18 49 09	12 15 31	22 52	9 ♍ 47 47	4 58	3 N18	23 31	16 15 02	1 N01
3	Th	18 53 05	13 16 39	22 46	22 46 02	4 32	1 S 18	23 28	29 21 03	3 S 38
4	F	18 57 02	14 17 48	22 40	6 ♎ 00 19	3 52	5 56	23 24	12 ♎ 44 06	8 12
5	S	19 00 58	15 18 57	22 33	19 32 40	2 58	10 24	23 21	26 26 11	12 28
6	Su	19 04 55	16 20 07	22 26	3 ♏ 24 47	1 52	14 25	23 18	10 ♏ 28 32	16 10
7	M	19 08 51	17 21 17	22 19	17 37 22	0 S 38	17 42	23 15	24 51 07	18 58
8	T	19 12 48	18 22 27	22 11	2 ♐ 09 26	0 N40	19 56	23 12	9 ♐ 31 50	20 35
9	W	19 16 44	19 23 37	22 02	16 57 40	1 56	20 52	23 09	24 26 06	20 47
10	Th	19 20 41	20 24 47	21 53	1 ♑ 56 09	3 06	20 20	23 05	9 ♑ 26 46	19 31
11	F	19 24 38	21 25 56	21 44	16 56 46	4 02	18 21	23 02	24 24 57	16 54
12	S	19 28 34	22 27 06	21 34	1 ♒ 50 10	4 42	15 10	22 59	9 ♒ 11 18	13 13
13	Su	19 32 31	23 28 15	21 24	16 27 23	5 02	11 06	22 56	23 37 38	8 50
14	M	19 36 27	24 29 23	21 13	0 ♓ 41 23	5 03	6 30	22 53	7 ♓ 38 14	4 S 07
15	T	19 40 24	25 30 31	21 02	14 27 56	4 46	1 S 43	22 50	21 10 27	0 N39
16	W	19 44 20	26 31 38	20 51	27 45 56	4 13	2 N59	22 46	4 ♈ 14 38	5 15
17	Th	19 48 17	27 32 44	20 39	10 ♈ 36 59	3 29	7 24	22 43	16 53 29	9 28
18	F	19 52 13	28 33 50	20 27	23 04 43	2 36	11 23	22 40	29 11 19	13 10
19	S	19 56 10	29 ♑ 34 54	20 14	5 ♉ 13 59	1 37	14 47	22 37	11 ♉ 13 23	16 15
20	Su	20 00 07	0 ♒ 35 58	20 01	17 10 14	0 N35	17 31	22 34	23 05 13	18 36
21	M	20 04 03	1 37 01	19 48	28 58 59	0 S 28	19 28	22 30	4 ♊ 52 11	20 08
22	T	20 08 00	2 38 03	19 34	10 ♊ 45 25	1 29	20 35	22 27	16 39 15	20 48
23	W	20 11 56	3 39 04	19 20	22 34 10	2 27	20 47	22 24	28 30 38	20 32
24	Th	20 15 53	4 40 05	19 06	4 ♋ 29 02	3 19	20 03	22 21	10 ♋ 29 43	19 20
25	F	20 19 49	5 41 04	18 51	16 32 57	4 02	18 25	22 18	22 38 56	17 16
26	S	20 23 46	6 42 02	18 36	28 47 49	4 35	15 55	22 15	4 ♌ 59 43	14 23
27	Su	20 27 42	7 43 00	18 20	11 ♌ 14 39	4 55	12 40	22 11	17 32 37	10 49
28	M	20 31 39	8 43 56	18 04	23 53 37	5 01	8 49	22 08	0 ♍ 17 34	6 43
29	T	20 35 36	9 44 52	17 48	6 ♍ 44 25	4 52	4 N31	22 05	13 14 05	2 N15
30	W	20 39 32	10 45 46	17 32	19 46 32	4 28	0 S 03	22 02	26 21 43	2 S 23
31	Th	20 43 29	11 ♒ 46 40	17 S 15	2 ♎ 59 37	3 S 49	4 S 41	21 ♏ 59	9 ♎ 40 14	6 S 58

D M	Mercury Lat.	Mercury Dec.		Venus Lat.	Venus Dec.		Mars Lat.	Mars Dec.		Jupiter Lat.	Jupiter Dec.
	° ′	° ′	° ′	° ′	° ′	° ′	° ′	° ′	° ′	° ′	° ′
1	0 S 52	24 S 18	24 S 22	0 N 41	22 S 25	22 S 32	1 S 09	20 S 07	19 S 55	0 S 42	20 N54
3	1 04	24 25	24 27	0 36	22 39	22 45	1 09	19 43	19 31	0 42	20 53
5	1 15	24 28	24 27	0 31	22 51	22 56	1 08	19 19	19 06	0 41	20 51
7	1 25	24 25	24 21	0 26	23 00	23 03	1 08	18 53	18 40	0 41	20 50
9	1 34	24 16	24 10	0 20	23 06	23 08	1 08	18 27	18 14	0 41	20 49
11	1 43	24 02	23 52	0 15	23 09	23 10	1 07	18 00	17 46	0 40	20 48
13	1 50	23 41	23 29	0 10	23 09	23 09	1 07	17 32	17 18	0 40	20 48
15	1 56	23 15	23 00	0 N 05	23 07	23 05	1 07	17 04	16 50	0 39	20 47
17	2 00	22 43	22 25	0 00	23 02	22 58	1 06	16 35	16 20	0 39	20 47
19	2 03	22 05	21 44	0 S 05	22 54	22 49	1 06	16 05	15 50	0 38	20 46
21	2 05	21 21	20 57	0 10	22 43	22 36	1 05	15 34	15 19	0 38	20 46
23	2 05	20 31	20 03	0 15	22 29	22 21	1 05	15 03	14 47	0 37	20 46
25	2 03	19 34	19 04	0 20	22 13	22 03	1 04	14 32	14 15	0 37	20 46
27	2 00	18 32	17 58	0 25	21 54	21 43	1 04	13 59	13 43	0 36	20 46
29	1 54	17 23	16 S 47	0 30	21 32	21 S 20	1 03	13 26	13 S 10	0 36	20 46
31	1 S 46	16 S 09		0 S 34	21 S 07		1 S 02	12 S 53		0 S 35	20 N47

FIRST QUARTER – Jan.18,23h.45m. (29°♈04′)

FULL MOON–Jan.27,04h.38m. (7°♌24′)

D M	☿ Long.	♀ Long.	♂ Long.	♃ Long.	♄ Long.	♅ Long.	♆ Long.	♇ Long.	☉	☿	♀	♂	♃	♄	♅	♆	♇
	° ′	° ′	° ′	° ′	° ′	° ′	° ′	° ′									
1	1♑25	20♐23	5♒04	7♊44	9♏35	4♈46	1♓05	9♑20	⚼	△						☍	⚼
2	2 58	21 38	5 52	7R 38	9 40	4 47	1 07	9 23	△				□	⚹			△
3	4 31	22 54	6 39	7 33	9 44	4 48	1 08	9 25			□	⚼		∠			
4	6 04	24 09	7 26	7 28	9 48	4 49	1 10	9 27		□		△	△	⚺	☍		□
5	7 38	25 24	8 13	7 23	9 53	4 50	1 12	9 29	□		⚹		⚼			⚼	
6	9 13	26 39	9 00	7 18	9 57	4 52	1 13	9 31		⚹		□		☌		△	⚹
7	10 48	27 54	9 48	7 13	10 01	4 53	1 15	9 33	⚹		∠				⚼		∠
8	12 23	29♐09	10 35	7 09	10 05	4 54	1 17	9 35	∠	∠	⚺		☍		△	□	
9	13 58	0♑24	11 22	7 04	10 09	4 56	1 19	9 37	⚺	⚺		⚹		⚺			⚺
10	15 34	1 40	12 10	7 00	10 13	4 57	1 21	9 39			☌	∠		∠	□	⚹	
11	17 11	2 55	12 57	6 56	10 17	4 58	1 22	9 42	☌	☌		⚺	⚼	⚹		∠	☌
12	18 47	4 10	13 44	6 53	10 21	5 00	1 24	9 44			⚺		△		⚹	⚺	
13	20 25	5 25	14 32	6 49	10 24	5 01	1 26	9 46		⚺	∠	☌		□	∠		⚺
14	22 03	6 40	15 19	6 46	10 28	5 03	1 28	9 48	⚺		⚹		□		⚺	☌	∠
15	23 41	7 56	16 06	6 43	10 31	5 05	1 30	9 50	∠	∠		⚺		△			⚹
16	25 20	9 11	16 54	6 40	10 35	5 06	1 32	9 52	⚹	⚹		∠		⚼		⚺	
17	26 59	10 26	17 41	6 37	10 38	5 08	1 34	9 54			□		⚹		☌	∠	□
18	28♑39	11 41	18 29	6 34	10 41	5 10	1 36	9 56	□			⚹	∠				
19	0♒19	12 56	19 16	6 32	10 44	5 12	1 38	9 58		□			⚺	☍	⚺	⚹	△
20	2 00	14 12	20 03	6 30	10 47	5 13	1 40	10 00			△	□			∠		
21	3 42	15 27	20 51	6 28	10 50	5 15	1 42	10 02	△	△	⚼					□	⚼
22	5 24	16 42	21 38	6 26	10 53	5 17	1 44	10 04					●		⚹		
23	7 06	17 57	22 26	6 25	10 56	5 19	1 46	10 06	⚼	⚼		△		⚼			
24	8 49	19 12	23 13	6 23	10 59	5 21	1 48	10 08				⚼	⚺		□	△	☍
25	10 33	20 28	24 01	6 22	11 01	5 23	1 50	10 10			☍		∠	△		⚼	
26	12 17	21 43	24 48	6 21	11 04	5 25	1 52	10 12									
27	14 01	22 58	25 35	6 21	11 06	5 28	1 54	10 14	☍	☍			⚹	□	△		
28	15 46	24 13	26 23	6 20	11 08	5 30	1 56	10 16				☍			⚼		⚼
29	17 31	25 28	27 10	6 20	11 10	5 32	1 59	10 18			⚼		□	⚹		☍	△
30	19 17	26 43	27 58	6D 20	11 12	5 34	2 01	10 20	⚼					∠			
31	21♒02	27♑59	28♒45	6♊20	11♏14	5♈37	2♓03	10♑22		⚼	△		△		☍		

D M	Saturn Lat.	Saturn Dec.	Uranus Lat.	Uranus Dec.	Neptune Lat.	Neptune Dec.	Pluto Lat.	Pluto Dec.
	° ′	° ′	° ′	° ′	° ′	° ′	° ′	° ′
1	2N20	12S28	0S42	1N15	0S37	11S39	3N20	19S47
3	2 21	12 30	0 42	1 16	0 37	11 38	3 19	19 47
5	2 21	12 32	0 42	1 17	0 37	11 37	3 19	19 47
7	2 22	12 35	0 42	1 18	0 37	11 36	3 19	19 47
9	2 22	12 37	0 42	1 19	0 37	11 35	3 19	19 47
11	2 22	12 39	0 42	1 20	0 37	11 33	3 19	19 47
13	2 23	12 41	0 42	1 21	0 37	11 32	3 19	19 47
15	2 23	12 42	0 42	1 23	0 37	11 31	3 18	19 46
17	2 24	12 44	0 42	1 24	0 37	11 29	3 18	19 46
19	2 24	12 46	0 42	1 26	0 37	11 28	3 18	19 46
21	2 25	12 47	0 42	1 27	0 37	11 26	3 18	19 46
23	2 25	12 48	0 41	1 29	0 37	11 25	3 18	19 46
25	2 26	12 49	0 41	1 30	0 37	11 23	3 18	19 46
27	2 26	12 50	0 41	1 32	0 37	11 22	3 18	19 45
29	2 26	12 51	0 41	1 34	0 37	11 20	3 18	19 45
31	2N27	12S52	0S41	1N36	0S37	11S19	3N18	19S45

Mutual Aspects

1 ☿⚹♆. ♂⚹♅.
3 ☉±♃. ☿□♅. ♂∥♇.
4 ♂△♃. ☉∥♀.
5 ☿⚻♃. ♀∠♄.
6 ☉∠♆. ☿⚺♂. ☿⚹♄. ☿☌♇.
7 ♂□♄. ♂⚺♇.
8 ☿±♃.
10 ☿∠♆. ♀⚹♆.
11 ☉⚼♃. 12 ☉Q♄.
13 ☉Q♅. ♀□♅.
14 ☿⚼♃. ☿Q♄. ♀⚻♃.
15 ☉⊥♆. ☿Q♅. ♂⊥♇.
16 ☿⊥♆. ☉#♃. ☿∥♀.
17 ♀⚹♄. ♀☌♇.
18 ☉☌☿. 19 ♀±♃.
20 ☿⚺♆. ♀⊥♂. ♂∠♅.
21 ☉⚺♆. ☉∥♇.
22 ☿⚹♅. ♀∠♆. ☿#♃.
23 ☿△♃.
25 ☉⚹♅. ☿□♄. ☿⚺♇. ☿∥♇.
26 ☉△♃. ♀⚼♃.
27 ♀Q♄. ♀Q♅. ♂∠♇.
28 ☿⊥♇. ☉∥☿.
29 ♀⊥♆.
30 ☉□♄. ☉⚺♇. ♃Stat.
31 ☿∠♅. ♂∥♄.

LAST QUARTER–Jan. 5,03h.58m. (14°♎58′)

NEW MOON–Feb.10,07h.20m. (21°♒43′)

D M	D W	Sidereal Time	☉ Long.	☉ Dec.	☽ Long.	☽ Lat.	☽ Dec.	☽ Node	24h. ☽ Long.	24h. ☽ Dec.
		h m s	° ′ ″	° ′	° ′ ″	° ′	° ′	° ′	° ′ ″	° ′
1	F	20 47 25	12♒47 33	16 S 58	16♎23 39	2 S 57	9 S 10	21♏56	23♎09 55	11 S 16
2	S	20 51 22	13 48 26	16 41	29 59 08	1 54	13 15	21 52	6♏51 24	15 03
3	Su	20 55 18	14 49 17	16 23	13♏46 49	0 S 44	16 40	21 49	20 45 27	18 03
4	M	20 59 15	15 50 08	16 05	27 47 20	0 N 30	19 10	21 46	4♐52 26	20 00
5	T	21 03 11	16 50 58	15 47	12♐00 40	1 43	20 31	21 43	19 11 46	20 42
6	W	21 07 08	17 51 48	15 29	26 25 27	2 51	20 32	21 40	3♑41 13	20 02
7	Th	21 11 05	18 52 36	15 10	10♑58 31	3 48	19 12	21 36	18 16 38	18 03
8	F	21 15 01	19 53 23	14 51	25 34 45	4 30	16 36	21 33	2♒52 01	14 54
9	S	21 18 58	20 54 09	14 32	10♒07 29	4 54	12 58	21 30	17 20 16	10 53
10	Su	21 22 54	21 54 54	14 12	24 29 28	5 00	8 38	21 27	1♓34 18	6 18
11	M	21 26 51	22 55 37	13 52	8♓34 05	4 47	3 S 55	21 24	15 28 16	1 S 31
12	T	21 30 47	23 56 19	13 32	22 16 28	4 17	0 N 53	21 21	28 58 27	3 N 13
13	W	21 34 44	24 56 59	13 12	5♈34 09	3 34	5 29	21 17	12♈03 39	7 40
14	Th	21 38 40	25 57 38	12 52	18 27 11	2 42	9 43	21 14	24 45 05	11 38
15	F	21 42 37	26 58 15	12 31	0♉57 48	1 42	13 24	21 11	7♉05 52	15 00
16	S	21 46 34	27 58 51	12 10	13 09 53	0 N 40	16 25	21 08	19 10 29	17 38
17	Su	21 50 30	28 59 24	11 49	25 08 21	0 S 24	18 40	21 05	1♊04 12	19 28
18	M	21 54 27	29♒59 56	11 28	6♊58 44	1 26	20 04	21 02	12 52 38	20 26
19	T	21 58 23	1♓00 26	11 07	18 46 35	2 23	20 35	20 58	24 41 16	20 30
20	W	22 02 20	2 00 54	10 45	0♋37 17	3 15	20 11	20 55	6♋35 13	19 38
21	Th	22 06 16	3 01 21	10 24	12 35 37	3 59	18 53	20 52	18 38 55	17 54
22	F	22 10 13	4 01 46	10 02	24 45 32	4 32	16 42	20 49	0♌55 48	15 19
23	S	22 14 09	5 02 08	9 40	7♌09 57	4 54	13 44	20 46	13 28 08	11 59
24	Su	22 18 06	6 02 29	9 18	19 50 26	5 01	10 05	20 42	26 16 50	8 03
25	M	22 22 03	7 02 48	8 55	2♍47 16	4 54	5 55	20 39	9♍21 33	3 N 40
26	T	22 25 59	8 03 06	8 33	15 59 30	4 30	1 N 22	20 36	22 40 49	0 S 58
27	W	22 29 56	9 03 22	8 10	29 25 14	3 52	3 S 19	20 33	6♎12 26	5 38
28	Th	22 33 52	10♓03 36	7 S 48	13♎02 07	2 S 59	7 S 54	20♏30	19♎54 00	10 S 04

D M	Mercury Lat.	Mercury Dec.		Venus Lat.	Venus Dec.		Mars Lat.	Mars Dec.		Jupiter Lat.	Jupiter Dec.
	° ′	° ′	° ′	° ′	° ′	° ′	° ′	° ′	° ′	° ′	° ′
1	1 S 41	15 S 30	14 S 50	0 S 36	20 S 54	20 S 40	1 S 02	12 S 36	12 S 19	0 S 35	20 N 47
3	1 29	14 08	13 26	0 41	20 26	20 11	1 01	12 02	11 45	0 35	20 48
5	1 14	12 42	11 57	0 45	19 56	19 39	1 01	11 27	11 10	0 34	20 49
7	0 56	11 12	10 27	0 49	19 23	19 05	1 00	10 52	10 34	0 34	20 50
9	0 36	9 41	8 55	0 53	18 47	18 29	0 59	10 17	9 59	0 33	20 51
11	0 S 12	8 09	7 24	0 57	18 10	17 51	0 58	9 41	9 23	0 33	20 52
13	0 N 14	6 40	5 57	1 00	17 31	17 10	0 58	9 05	8 47	0 32	20 53
15	0 43	5 15	4 36	1 04	16 49	16 28	0 57	8 28	8 10	0 32	20 55
17	1 13	3 59	3 25	1 07	16 06	15 44	0 56	7 51	7 33	0 32	20 56
19	1 44	2 54	2 27	1 10	15 21	14 58	0 55	7 14	6 56	0 31	20 58
21	2 15	2 04	1 45	1 12	14 34	14 10	0 54	6 37	6 19	0 31	21 00
23	2 43	1 30	1 21	1 15	13 46	13 21	0 53	6 00	5 41	0 30	21 02
25	3 08	1 16	1 17	1 17	12 56	12 30	0 53	5 22	5 03	0 30	21 04
27	3 27	1 22	1 32	1 19	12 05	11 38	0 52	4 44	4 25	0 29	21 06
29	3 39	1 46	2 S 04	1 21	11 12	10 S 45	0 51	4 07	3 S 48	0 29	21 08
31	3 N 42	2 S 26		1 S 22	10 S 18		0 S 50	3 S 29		0 S 29	21 N 10

FIRST QUARTER–Feb.17,20h.31m. (29°♉21′)

D M	☿ Long.	♀ Long.	♂ Long.	♃ Long.	♄ Long.	♅ Long.	♆ Long.	♇ Long.
	° ′	° ′	° ′	° ′	° ′	° ′	° ′	° ′
1	22♒48	29♑14	29♒33	6♊20	11♏16	5♈39	2♓05	10♑23
2	24 34	0♒29	0♓20	6 21	11 18	5 41	2 07	10 25
3	26 19	1 44	1 07	6 21	11 19	5 44	2 09	10 27
4	28 03	2 59	1 55	6 22	11 21	5 46	2 12	10 29
5	29♒47	4 14	2 42	6 23	11 22	5 49	2 14	10 31
6	1♓30	5 30	3 30	6 25	11 24	5 51	2 16	10 33
7	3 12	6 45	4 17	6 26	11 25	5 54	2 18	10 34
8	4 52	8 00	5 04	6 28	11 26	5 56	2 21	10 36
9	6 29	9 15	5 52	6 30	11 27	5 59	2 23	10 38
10	8 04	10 30	6 39	6 32	11 28	6 02	2 25	10 39
11	9 36	11 45	7 26	6 34	11 29	6 04	2 27	10 41
12	11 04	13 00	8 14	6 37	11 30	6 07	2 30	10 43
13	12 28	14 16	9 01	6 40	11 30	6 10	2 32	10 44
14	13 46	15 31	9 48	6 42	11 31	6 12	2 34	10 46
15	14 59	16 46	10 36	6 46	11 31	6 15	2 36	10 48
16	16 05	18 01	11 23	6 49	11 31	6 18	2 39	10 49
17	17 04	19 16	12 10	6 52	11 32	6 21	2 41	10 51
18	17 55	20 31	12 58	6 56	11 32	6 24	2 43	10 52
19	18 37	21 46	13 45	7 00	11R 32	6 27	2 45	10 54
20	19 10	23 01	14 32	7 04	11 31	6 30	2 48	10 55
21	19 34	24 16	15 19	7 08	11 31	6 33	2 50	10 57
22	19 48	25 31	16 06	7 13	11 31	6 36	2 52	10 58
23	19R 52	26 46	16 53	7 17	11 30	6 39	2 55	11 00
24	19 46	28 01	17 41	7 22	11 30	6 42	2 57	11 01
25	19 31	29♒16	18 28	7 27	11 29	6 45	2 59	11 03
26	19 06	0♓31	19 15	7 32	11 28	6 48	3 01	11 04
27	18 32	1 46	20 02	7 37	11 28	6 51	3 04	11 05
28	17♓50	3♓01	20♓49	7♊43	11♏27	6♈54	3♓06	11♑07

Lunar Aspects

D	☉	☿	♀	♂	♃	♄	♅	♆	♇
1	△			⚼	⚼	⚺		⚼	□
2		△	□	△				△	
3	□					☌	⚼		⚹
4		□	⚹	□				□	∠
5	⚹				☍	⚺	△		⚺
6	∠	⚹	∠			∠		⚹	
7			⚺	⚹		⚹	□	∠	☌
8	⚺	∠		∠	⚼			⚺	
9		⚺	☌	⚺	△	□	⚹		⚺
10	☌						∠		∠
11		☌	⚺	☌	□	△	⚺	☌	⚹
12	⚺		∠			⚼			
13	∠			⚺	⚹		☌	⚺	□
14		⚺	⚹		∠			∠	
15	⚹	∠		∠	⚺		⚺	⚹	
16		⚹	□	⚹		☍			△
17	□						∠		⚼
18					●		⚹	□	
19		□	△	□					
20	△					⚼	□	△	
21	⚼		⚼	△	⚺	△		⚼	☍
22		△			∠				
23		⚼		⚼	⚹	□	△		
24							⚼		⚼
25	☍		☍		□			☍	
26		☍		☍		⚹			△
27						∠			
28			⚼		△	⚺	☍	⚼	□

D M	Saturn Lat.	Saturn Dec.	Uranus Lat.	Uranus Dec.	Neptune Lat.	Neptune Dec.	Pluto Lat.	Pluto Dec.
	° ′	° ′	° ′	° ′	° ′	° ′	° ′	° ′
1	2N27	12S52	0S41	1N37	0S37	11S18	3N18	19S45
3	2 28	12 53	0 41	1 39	0 37	11 16	3 17	19 45
5	2 28	12 53	0 41	1 41	0 37	11 15	3 17	19 44
7	2 29	12 54	0 41	1 43	0 37	11 13	3 17	19 44
9	2 29	12 54	0 41	1 45	0 37	11 12	3 17	19 44
11	2 30	12 54	0 41	1 47	0 37	11 10	3 17	19 44
13	2 30	12 54	0 41	1 49	0 37	11 08	3 17	19 44
15	2 31	12 54	0 41	1 52	0 37	11 07	3 17	19 43
17	2 31	12 54	0 41	1 54	0 37	11 05	3 17	19 43
19	2 32	12 53	0 41	1 56	0 37	11 04	3 17	19 43
21	2 32	12 53	0 41	1 59	0 37	11 02	3 17	19 43
23	2 32	12 52	0 41	2 01	0 37	11 00	3 17	19 43
25	2 33	12 51	0 41	2 03	0 37	10 59	3 17	19 42
27	2 33	12 50	0 41	2 06	0 37	10 57	3 17	19 42
29	2 34	12 49	0 41	2 08	0 37	10 55	3 17	19 42
31	2N34	12S48	0S40	2N11	0S37	10S54	3N17	19S42

Mutual Aspects

1 ♂⊥♅.
2 ♀⚺♂. ♀#♃.
3 ☿∠♇. ♀⚺♆.
4 ♂☌♆.
5 ☉⊥♇. ☿⊥♅. ☿‖♄.
6 ☿☌♆. ♀⚹♅. ♀‖♇. ♂‖♆.
7 ♀△♃. ☿‖♆.
8 ☿☌♂. ☿‖♂.
9 ☉∠♅. ☿□♃. ☿⚺♅. ♂⚺♅.
10 ♀⚺♇. ♂□♃.
11 ♀□♄.
12 ☿△♄. ☿⚹♇.
14 ☉∠♇. ☉‖♄.
15 ♀⊥♇. ♂⚹♇.
16 ♂△♄.
18 ☉⊥♅. ♄ Stat.
19 ♀∠♅. ☉‖♆.
21 ☉☌♆. ☿#♅.
22 ♀∠♇. 23 ☿ Stat.
25 ☉□♃. ☉⚺♅. ♀‖♄.
26 ☿☌♂. ♀⊥♅.
28 ♀☌♆.

NEW MOON–Mar.11,19h.51m. (21° ♓ 24′)

D M	D W	Sidereal Time	☉ Long.	☉ Dec.	☽ Long.	☽ Lat.	☽ Dec.	☽ Node	24h. ☽ Long.	24h. ☽ Dec.
		h m s	° ′ ″	° ′	° ′ ″	° ′	° ′	° ′	° ′ ″	° ′
1	F	22 37 49	11 ♓ 03 48	7 S 25	26 ♎ 47 48	1 S 56	12 S 08	20 ♏ 27	3 ♏ 43 19	14 S 01
2	S	22 41 45	12 03 59	7 02	10 ♏ 40 20	0 S 45	15 44	20 23	17 38 43	17 13
3	Su	22 45 42	13 04 09	6 39	24 38 21	0 N30	18 27	20 20	1 ♐ 39 07	19 24
4	M	22 49 38	14 04 17	6 16	8 ♐ 40 58	1 42	20 04	20 17	15 43 48	20 24
5	T	22 53 35	15 04 23	5 53	22 47 32	2 50	20 25	20 14	29 52 00	20 07
6	W	22 57 32	16 04 28	5 30	6 ♑ 57 03	3 46	19 29	20 11	14 ♑ 02 26	18 33
7	Th	23 01 28	17 04 32	5 06	21 07 51	4 29	17 20	20 08	28 12 57	15 52
8	F	23 05 25	18 04 34	4 43	5 ♒ 17 18	4 56	14 09	20 04	12 ♒ 20 24	12 15
9	S	23 09 21	19 04 34	4 19	19 21 44	5 04	10 11	20 01	26 20 47	8 00
10	Su	23 13 18	20 04 32	3 56	3 ♓ 16 58	4 54	5 43	19 58	10 ♓ 09 48	3 S 23
11	M	23 17 14	21 04 29	3 32	16 58 48	4 28	1 S 02	19 55	23 43 33	1 N19
12	T	23 21 11	22 04 23	3 09	0 ♈ 23 45	3 47	3 N37	19 52	6 ♈ 59 08	5 52
13	W	23 25 07	23 04 16	2 45	13 29 37	2 54	8 00	19 48	19 55 09	10 01
14	Th	23 29 04	24 04 06	2 21	26 15 50	1 54	11 55	19 45	2 ♉ 31 51	13 38
15	F	23 33 01	25 03 55	1 58	8 ♉ 43 29	0 N50	15 12	19 42	14 51 05	16 34
16	S	23 36 57	26 03 41	1 34	20 55 07	0 S 16	17 44	19 39	26 56 04	18 41
17	Su	23 40 54	27 03 25	1 10	2 ♊ 54 30	1 20	19 26	19 36	8 ♊ 51 00	19 58
18	M	23 44 50	28 03 07	0 46	14 46 12	2 19	20 16	19 33	20 40 45	20 20
19	T	23 48 47	29 ♓ 02 47	0 S 23	26 35 19	3 13	20 11	19 29	2 ♋ 30 33	19 48
20	W	23 52 43	0 ♈ 02 24	0 N01	8 ♋ 27 08	3 58	19 12	19 26	14 25 40	18 23
21	Th	23 56 40	1 01 59	0 25	20 26 48	4 34	17 22	19 23	26 31 06	16 08
22	F	0 00 36	2 01 32	0 48	2 ♌ 39 04	4 58	14 43	19 20	8 ♌ 51 12	13 08
23	S	0 04 33	3 01 03	1 12	15 07 52	5 08	11 23	19 17	21 29 23	9 28
24	Su	0 08 30	4 00 31	1 36	27 55 58	5 04	7 26	19 13	4 ♍ 27 43	5 17
25	M	0 12 26	4 59 57	1 59	11 ♍ 04 41	4 44	3 N02	19 10	17 46 44	0 N44
26	T	0 16 23	5 59 21	2 23	24 33 40	4 07	1 S 37	19 07	1 ♎ 25 12	3 S 59
27	W	0 20 19	6 58 43	2 46	8 ♎ 20 55	3 16	6 18	19 04	15 20 22	8 34
28	Th	0 24 16	7 58 03	3 10	22 23 01	2 11	10 44	19 01	29 28 19	12 46
29	F	0 28 12	8 57 21	3 33	6 ♏ 35 41	0 S 58	14 38	18 58	13 ♏ 44 32	16 16
30	S	0 32 09	9 56 37	3 56	20 54 20	0 N20	17 40	18 54	28 04 34	18 47
31	Su	0 36 05	10 ♈ 55 51	4 N20	5 ♐ 14 46	1 N37	19 S 35	18 ♏ 51	12 ♐ 24 31	20 S 05

D M	Mercury Lat.	Mercury Dec.		Venus Lat.	Venus Dec.		Mars Lat.	Mars Dec.		Jupiter Lat.	Jupiter Dec.
	° ′	° ′	° ′	° ′	° ′	° ′	° ′	° ′	° ′	° ′	° ′
1	3 N39	1 S 46	2 S 04	1 S 21	11 S 12	10 S 45	0 S 51	4 S 07	3 S 48	0 S 29	21 N08
3	3 42	2 26	2 51	1 22	10 18	9 51	0 50	3 29	3 10	0 29	21 10
5	3 37	3 18	3 46	1 24	9 23	8 55	0 49	2 50	2 31	0 28	21 12
7	3 23	4 16	4 46	1 25	8 27	7 59	0 48	2 12	1 53	0 28	21 15
9	3 04	5 15	5 44	1 25	7 31	7 02	0 47	1 34	1 15	0 27	21 17
11	2 39	6 12	6 39	1 26	6 33	6 04	0 46	0 56	0 S 37	0 27	21 20
13	2 11	7 03	7 25	1 26	5 35	5 05	0 45	0 S 18	0 N 01	0 27	21 23
15	1 42	7 46	8 04	1 26	4 36	4 06	0 44	0 N20	0 39	0 26	21 25
17	1 12	8 19	8 32	1 26	3 36	3 07	0 42	0 58	1 17	0 26	21 28
19	0 44	8 43	8 52	1 25	2 37	2 07	0 41	1 36	1 55	0 26	21 31
21	0 N16	8 58	9 01	1 25	1 37	1 06	0 40	2 13	2 32	0 25	21 34
23	0 S 10	9 03	9 02	1 24	0 S 36	0 S 06	0 39	2 51	3 10	0 25	21 37
25	0 34	9 00	8 55	1 22	0 N24	0 N54	0 38	3 28	3 47	0 25	21 40
27	0 56	8 48	8 40	1 21	1 25	1 55	0 37	4 05	4 24	0 24	21 42
29	1 15	8 29	8 S 17	1 19	2 25	2 N55	0 36	4 42	5 N 01	0 24	21 45
31	1 S 33	8 S 03		1 S 17	3 N25		0 S 35	5 N19		0 S 24	21 N48

FIRST QUARTER–Mar.19,17h.27m. (29° ♊ 16′)

FULL MOON – Mar.27,09h.27m. (6°♎52′)

D M	☿ Long.	♀ Long.	♂ Long.	♃ Long.	♄ Long.	♅ Long.	♆ Long.	♇ Long.	☉	☿	♀	♂	♃	♄	♅	♆	♇
	° ′	° ′	° ′	° ′	° ′	° ′	° ′	° ′									
1	17♓02	4♓16	21♓36	7♊48	11♏26	6♈57	3♓08	11♑08	⚼	⚼			⚼			△	
2	16R 08	5 31	22 23	7 54	11R 24	7 01	3 10	11 09	△	△	△	⚼		☌			⚹
3	15 10	6 46	23 10	8 00	11 23	7 04	3 13	11 10				△			⚼		∠
4	14 09	8 01	23 57	8 06	11 22	7 07	3 15	11 11	□	□	□		☍	⚺	△	□	⚺
5	13 07	9 16	24 43	8 12	11 20	7 10	3 17	11 13				□		∠			
6	12 06	10 31	25 30	8 19	11 19	7 13	3 19	11 14		⚹	⚹			⚹	□	⚹	☌
7	11 06	11 45	26 17	8 25	11 17	7 17	3 22	11 15	⚹	∠	∠	⚹	⚼			∠	
8	10 09	13 00	27 04	8 32	11 15	7 20	3 24	11 16	∠	⚺			△	□	⚹	⚺	⚺
9	9 16	14 15	27 51	8 39	11 14	7 23	3 26	11 17	⚺		⚺	∠			∠		∠
10	8 27	15 30	28 37	8 46	11 12	7 26	3 28	11 18		☌		⚺	□		⚺	☌	
11	7 45	16 45	29♓24	8 53	11 10	7 30	3 31	11 19	☌		☌			△			⚹
12	7 08	18 00	0♈11	9 01	11 07	7 33	3 33	11 20		⚺		☌		⚼		⚺	
13	6 37	19 15	0 57	9 08	11 05	7 36	3 35	11 21			⚺		⚹		☌	∠	□
14	6 13	20 29	1 44	9 16	11 03	7 40	3 37	11 22	⚺	∠		⚺	∠				
15	5 55	21 44	2 31	9 24	11 01	7 43	3 39	11 23	∠	⚹	∠		⚺	☍	⚺	⚹	△
16	5 43	22 59	3 17	9 32	10 58	7 47	3 41	11 24	⚹		⚹	∠			∠		⚼
17	5 38	24 14	4 04	9 40	10 55	7 50	3 44	11 24		□		⚹			⚹	□	
18	5D 39	25 28	4 50	9 48	10 53	7 53	3 46	11 25					☌				
19	5 46	26 43	5 37	9 56	10 50	7 57	3 48	11 26	□		□			⚼			
20	5 59	27 58	6 23	10 05	10 47	8 00	3 50	11 27		△		□	⚺	△	□	△	☍
21	6 16	29♓13	7 09	10 13	10 44	8 04	3 52	11 27		⚼			∠			⚼	
22	6 39	0♈27	7 56	10 22	10 41	8 07	3 54	11 28	△		△	△			△		
23	7 07	1 42	8 42	10 31	10 38	8 10	3 56	11 29	⚼		⚼		⚹	□			
24	7 39	2 56	9 28	10 40	10 35	8 14	3 58	11 29				⚼			⚼	☍	⚼
25	8 15	4 11	10 14	10 49	10 32	8 17	4 00	11 30		☍			□	⚹			△
26	8 55	5 26	11 01	10 58	10 29	8 21	4 02	11 31						∠			
27	9 39	6 40	11 47	11 07	10 25	8 24	4 04	11 31	☍		☍	☍	△	⚺	☍		□
28	10 27	7 55	12 33	11 17	10 22	8 27	4 06	11 32		⚼			⚼			⚼	
29	11 18	9 09	13 19	11 27	10 18	8 31	4 08	11 32		△				☌		△	⚹
30	12 12	10 24	14 05	11 36	10 15	8 34	4 10	11 32	⚼		⚼				⚼		∠
31	13♓09	11♈38	14♈51	11♊46	10♏11	8♈38	4♓12	11♑33	△		△	⚼	☍	⚺	△	□	⚺

D M	Saturn Lat.	Saturn Dec.	Uranus Lat.	Uranus Dec.	Neptune Lat.	Neptune Dec.	Pluto Lat.	Pluto Dec.
	° ′	° ′	° ′	° ′	° ′	° ′	° ′	° ′
1	2N34	12S49	0S41	2N08	0S37	10S55	3N17	19S42
3	2 34	12 48	0 40	2 11	0 37	10 54	3 17	19 42
5	2 35	12 47	0 40	2 14	0 37	10 52	3 17	19 42
7	2 35	12 45	0 40	2 16	0 37	10 51	3 17	19 41
9	2 36	12 44	0 40	2 19	0 37	10 49	3 17	19 41
11	2 36	12 42	0 40	2 21	0 37	10 48	3 17	19 41
13	2 36	12 40	0 40	2 24	0 37	10 46	3 17	19 41
15	2 37	12 39	0 40	2 27	0 37	10 44	3 17	19 41
17	2 37	12 37	0 40	2 29	0 37	10 43	3 17	19 41
19	2 38	12 35	0 40	2 32	0 37	10 41	3 17	19 41
21	2 38	12 33	0 40	2 35	0 37	10 40	3 17	19 40
23	2 38	12 30	0 40	2 38	0 37	10 38	3 17	19 40
25	2 39	12 28	0 40	2 40	0 37	10 37	3 17	19 40
27	2 39	12 26	0 40	2 43	0 37	10 36	3 17	19 40
29	2 39	12 23	0 40	2 46	0 37	10 34	3 17	19 40
31	2N39	12S21	0S40	2N48	0S37	10S33	3N17	19S40

Mutual Aspects

1 ☉△♄. ☉⚹♇.
2 ☿#♅. ♀∥♆.
3 ♀⚺♅. ♂Q♇.
4 ☉☌☿. ♀□♃. ☿∥♂.
7 ☿☌♀. ☿△♄. ☿⚹♇. ♀△♄. ♀⚹♇.
♂Q♃. ♂⚼♄. ♂#♅.
8 ♄⚹♇. ☉∥☿.
10 ☿□♃.
11 ☿⚺♅. ☿∥♀.
13 ☉Q♇. 14 ☉#♅.
16 ☉⚼♄. ♀Q♇.
17 ♂⚺♆. ☉#♂. ☿Stat.
18 ☉Q♃. ♀⚼♄. ♂±♄.
19 ☿⚺♂. ♀#♅.
20 ♀Q♃. ♀#♂.
22 ♂☌♅. ☉#♀. ♂∥♅.
24 ☉⚺♆. ♃▽♄.
25 ☉±♄. ☿⚺♅. ♀±♄. ♀⚺♆. ♂▽♄.
♂⊥♆.
26 ♂⚹♃.
27 ♂□♇. ☉∥♅.
28 ☉☌♀. ☿△♄. ♀☌♅.
29 ☉☌♅. ☿□♃. ☿⚹♇.
30 ☉▽♄. ☉⊥♆. ♀▽♄. ♀⊥♆. ♃▽♇.
♀∥♅.
31 ♀⚹♃. ♀□♇.

LAST QUARTER – Mar. 4,21h.53m. (14°♐29′)

NEW MOON – Apr.10, 09h.35m. (20°♈41′)

D M	D W	Sidereal Time	☉ Long.	☉ Dec.	☽ Long.	☽ Lat.	☽ Dec.	☽ Node	24h. ☽ Long.	24h. ☽ Dec.
		h m s	° ′ ″	° ′	° ′ ″	° ′	° ′	° ′	° ′ ″	° ′
1	M	0 40 02	11 ♈ 55 04	4 N43	19 ♐ 33 27	2 N47	20 S 15	18 ♏ 48	26 ♐ 41 16	20 S 05
2	T	0 43 59	12 54 14	5 06	3 ♑ 47 41	3 47	19 36	18 45	10 ♑ 52 29	18 49
3	W	0 47 55	13 53 23	5 29	17 55 29	4 32	17 44	18 42	24 56 29	16 24
4	Th	0 51 52	14 52 31	5 52	1 ♒ 55 19	5 01	14 50	18 39	8 ♒ 51 51	13 04
5	F	0 55 48	15 51 36	6 14	15 45 55	5 12	11 08	18 35	22 37 22	9 04
6	S	0 59 45	16 50 40	6 37	29 26 00	5 06	6 54	18 32	6 ♓ 11 42	4 39
7	Su	1 03 41	17 49 42	7 00	12 ♓ 54 16	4 42	2 S 22	18 29	19 33 34	0 S 05
8	M	1 07 38	18 48 42	7 22	26 09 28	4 03	2 N12	18 26	2 ♈ 41 50	4 N25
9	T	1 11 34	19 47 40	7 44	9 ♈ 10 35	3 12	6 35	18 23	15 35 39	8 39
10	W	1 15 31	20 46 36	8 07	21 57 02	2 13	10 36	18 19	28 14 47	12 25
11	Th	1 19 28	21 45 30	8 29	4 ♉ 28 57	1 08	14 05	18 16	10 ♉ 39 43	15 34
12	F	1 23 24	22 44 22	8 51	16 47 14	0 N01	16 52	18 13	22 51 46	17 57
13	S	1 27 21	23 43 12	9 12	28 53 38	1 S06	18 50	18 10	4 ♊ 53 10	19 30
14	Su	1 31 17	24 42 00	9 34	10 ♊ 50 46	2 08	19 57	18 07	16 46 53	20 10
15	M	1 35 14	25 40 46	9 55	22 42 00	3 05	20 09	18 04	28 36 38	19 55
16	T	1 39 10	26 39 30	10 17	4 ♋ 31 21	3 54	19 28	18 00	10 ♋ 26 42	18 48
17	W	1 43 07	27 38 11	10 38	16 23 17	4 32	17 55	17 57	22 21 42	16 51
18	Th	1 47 03	28 36 50	10 59	28 22 34	5 00	15 35	17 54	4 ♌ 26 28	14 09
19	F	1 51 00	29 ♈ 35 27	11 20	10 ♌ 33 59	5 14	12 32	17 51	16 45 39	10 47
20	S	1 54 57	0 ♉ 34 02	11 40	23 02 00	5 14	8 53	17 48	29 23 28	6 51
21	Su	1 58 53	1 32 35	12 01	5 ♍ 50 27	4 59	4 44	17 45	12 ♍ 23 14	2 N30
22	M	2 02 50	2 31 05	12 21	19 02 02	4 28	0 N14	17 41	25 46 56	2 S 06
23	T	2 06 46	3 29 33	12 41	2 ♎ 37 54	3 41	4 S 26	17 38	9 ♎ 34 46	6 44
24	W	2 10 43	4 27 59	13 00	16 37 14	2 40	8 59	17 35	23 44 52	11 09
25	Th	2 14 39	5 26 24	13 20	0 ♏ 57 07	1 27	13 10	17 32	8 ♏ 13 17	15 00
26	F	2 18 36	6 24 46	13 39	15 32 37	0 S 07	16 36	17 29	22 54 17	17 57
27	S	2 22 32	7 23 07	13 58	0 ♐ 17 24	1 N14	19 00	17 25	7 ♐ 41 06	19 44
28	Su	2 26 29	8 21 26	14 17	15 04 29	2 30	20 07	17 22	22 26 44	20 08
29	M	2 30 26	9 19 44	14 36	29 47 05	3 37	19 50	17 19	7 ♑ 04 54	19 11
30	T	2 34 22	10 ♉ 18 00	14 N54	14 ♑ 19 34	4 N28	18 S 14	17 ♏ 16	21 ♑ 30 38	16 S 59

D M	Mercury Lat.	Mercury Dec.		Venus Lat.	Venus Dec.		Mars Lat.	Mars Dec.		Jupiter Lat.	Jupiter Dec.
	° ′	° ′	° ′	° ′	° ′	° ′	° ′	° ′	° ′	° ′	° ′
1	1 S 41	7 S 47	7 S 30	1 S 16	3 N55	4 N25	0 S 34	5 N37	5 N 55	0 S 23	21 N50
3	1 55	7 11	6 50	1 14	4 55	5 25	0 33	6 14	6 32	0 23	21 53
5	2 07	6 28	6 05	1 11	5 54	6 24	0 32	6 50	7 07	0 23	21 56
7	2 17	5 40	5 14	1 08	6 53	7 22	0 30	7 25	7 43	0 22	21 59
9	2 25	4 46	4 17	1 05	7 51	8 20	0 29	8 00	8 18	0 22	22 02
11	2 31	3 47	3 16	1 02	8 49	9 17	0 28	8 35	8 53	0 22	22 05
13	2 34	2 43	2 09	0 59	9 45	10 14	0 27	9 10	9 27	0 22	22 08
15	2 36	1 34	0 S 58	0 55	10 41	11 09	0 25	9 44	10 01	0 21	22 10
17	2 36	0 S 21	0 N 18	0 52	11 36	12 03	0 24	10 18	10 34	0 21	22 13
19	2 33	0 N57	1 37	0 48	12 30	12 56	0 23	10 51	11 07	0 21	22 16
21	2 28	2 18	3 00	0 44	13 22	13 48	0 22	11 24	11 40	0 20	22 19
23	2 21	3 43	4 27	0 40	14 13	14 39	0 20	11 56	12 12	0 20	22 22
25	2 13	5 12	5 57	0 35	15 03	15 28	0 19	12 28	12 43	0 20	22 25
27	2 02	6 44	7 30	0 31	15 52	16 15	0 18	12 59	13 14	0 20	22 27
29	1 49	8 18	9 N 05	0 26	16 38	17 N01	0 17	13 30	13 N 45	0 19	22 30
31	1 S 34	9 N54		0 S 22	17 N23		0 S 15	14 N00		0 S 19	22 N32

FIRST QUARTER – Apr.18, 12h.31m. (28°♋38′)

FULL MOON – Apr.25,19h.57m. (5° ♏ 46′)

EPHEMERIS]			APRIL 2013					9
D	☿	♀	♂	♃	♄	♅	♆	♇
M	Long.	Long.	Long.	Long.	Long.	Long.	Long.	Long.
	° ′	° ′	° ′	° ′	° ′	° ′	° ′	° ′
1	14♓09	12♈53	15♈37	11♊56	10♏08	8♈41	4♓14	11♑33
2	15 11	14 07	16 22	12 06	10R 04	8 45	4 16	11 34
3	16 16	15 22	17 08	12 16	10 00	8 48	4 18	11 34
4	17 24	16 36	17 54	12 26	9 56	8 51	4 19	11 34
5	18 34	17 51	18 40	12 37	9 52	8 55	4 21	11 34
6	19 46	19 05	19 25	12 47	9 48	8 58	4 23	11 35
7	21 00	20 20	20 11	12 58	9 44	9 02	4 25	11 35
8	22 16	21 34	20 57	13 08	9 40	9 05	4 27	11 35
9	23 35	22 48	21 42	13 19	9 36	9 08	4 28	11 35
10	24 55	24 03	22 28	13 30	9 32	9 12	4 30	11 35
11	26 17	25 17	23 13	13 41	9 28	9 15	4 32	11 35
12	27 41	26 31	23 59	13 52	9 23	9 19	4 33	11 35
13	29♓07	27 46	24 44	14 03	9 19	9 22	4 35	11R 35
14	0♈34	29♈00	25 29	14 14	9 15	9 25	4 37	11 35
15	2 04	0♉14	26 15	14 25	9 11	9 29	4 38	11 35
16	3 35	1 28	27 00	14 36	9 06	9 32	4 40	11 35
17	5 07	2 43	27 45	14 48	9 02	9 35	4 42	11 35
18	6 42	3 57	28 30	14 59	8 57	9 38	4 43	11 35
19	8 18	5 11	29♈15	15 11	8 53	9 42	4 45	11 35
20	9 56	6 25	0♉00	15 23	8 48	9 45	4 46	11 34
21	11 35	7 39	0 45	15 34	8 44	9 48	4 47	11 34
22	13 16	8 53	1 30	15 46	8 39	9 51	4 49	11 34
23	14 59	10 08	2 15	15 58	8 35	9 55	4 50	11 33
24	16 43	11 22	3 00	16 10	8 30	9 58	4 52	11 33
25	18 29	12 36	3 45	16 22	8 26	10 01	4 53	11 33
26	20 17	13 50	4 29	16 34	8 21	10 04	4 54	11 32
27	22 07	15 04	5 14	16 46	8 17	10 07	4 56	11 32
28	23 58	16 18	5 59	16 58	8 12	10 11	4 57	11 31
29	25 51	17 32	6 43	17 11	8 08	10 14	4 58	11 31
30	27♈46	18♉46	7♉28	17♊23	8♏03	10♈17	4♓59	11♑30

D	Lunar Aspects								
M	☉	☿	♀	♂	♃	♄	♅	♆	♇
1		□		△		∠			
2						⚹	□	⚹	
3	□	⚹	□	□				∠	☌
4		∠			⚼			⚺	
5	⚹	⚺	⚹	⚹	△	□	⚹		⚺
6	∠		∠	∠			∠	☌	∠
7	⚺				□	△	⚺		⚹
8		☌	⚺	⚺		⚼			
9					⚹		☌	⚺	□
10	☌	⚺	☌	☌				∠	
11					∠	☍	⚺	⚹	
12		∠			⚺				△
13	⚺	⚹	⚺	⚺			∠	□	⚼
14	∠		∠	∠	☌		⚹		
15	⚹			⚹		⚼			
16		□	⚹			△	□	△	
17					⚺			⚼	☍
18	□			□	∠				
19		△	□		⚹	□	△		
20		⚼					⚼		⚼
21	△		△	△		⚹		☍	△
22	⚼		⚼	⚼	□	∠			
23						⚺			
24		☍			△		☍	⚼	□
25	☍			☍	⚼			△	
26			☍			☌			⚹
27							⚼	□	∠
28		⚼		⚼	☍	⚺	△		⚺
29	⚼	△	⚼			∠		⚹	
30	△		△	△		⚹	□	∠	☌

D	Saturn		Uranus		Neptune		Pluto	
M	Lat.	Dec.	Lat.	Dec.	Lat.	Dec.	Lat.	Dec.
	° ′	° ′	° ′	° ′	° ′	° ′	° ′	° ′
1	2N40	12S20	0S40	2N50	0S37	10S32	3N17	19S40
3	2 40	12 17	0 40	2 52	0 37	10 31	3 17	19 40
5	2 40	12 14	0 40	2 55	0 37	10 30	3 17	19 40
7	2 40	12 12	0 40	2 58	0 37	10 28	3 17	19 40
9	2 40	12 09	0 40	3 00	0 37	10 27	3 17	19 40
11	2 41	12 06	0 40	3 03	0 38	10 26	3 17	19 40
13	2 41	12 03	0 40	3 06	0 38	10 25	3 17	19 40
15	2 41	12 01	0 40	3 08	0 38	10 24	3 17	19 40
17	2 41	11 58	0 40	3 11	0 38	10 22	3 17	19 40
19	2 41	11 55	0 40	3 13	0 38	10 21	3 17	19 40
21	2 41	11 52	0 40	3 16	0 38	10 20	3 17	19 40
23	2 41	11 49	0 40	3 19	0 38	10 19	3 17	19 40
25	2 41	11 46	0 40	3 21	0 38	10 18	3 17	19 40
27	2 41	11 43	0 40	3 23	0 38	10 18	3 17	19 40
29	2 41	11 40	0 40	3 26	0 38	10 17	3 17	19 40
31	2N41	11S38	0S40	3N28	0S38	10S16	3N17	19S40

Mutual Aspects

1 ☉⚹♃. ☉□♇.
4 ☿∥♂.
5 ☿⚺♂. ☉∥☿.
6 ♀∠♆. ♂∠♆. ☿∥♀.
7 ♀☌♂. 8 ☉∥♀.
9 ☉∠♆. ☿Q♇.
10 ☿⚼♄. ♀∥♂.
12 ☉∥♂. ☿∥♅. ♇Stat.
13 ♄∇♅.
14 ♀∠♃. ♀∥♆.
15 ☿Q♃.
16 ☿±♄. ☉∥♆.
17 ☿⚺♆. ♂∥♆.
18 ☉☌♂. ♃±♄. ♀∥♄.
19 ☿∇♄. ♀⚹♆.
20 ☉∠♃. ☿☌♅.
21 ☿⊥♆. ☿□♇. ♂∠♃. ☉∥♄.
22 ♀☍♄. ☿∥♅.
23 ♀⊥♃. ♀⚺♅. ♂∥♄.
24 ☉⚹♆. ☿⚹♃. ♀△♇.
26 ☿∠♆. 27 ♂⚹♆.
28 ☉☍♄. ♀⊥♅.
29 ♀⚺♃. ♀Q♆.
30 ☉⚺♅.

LAST QUARTER – Apr. 3,04h.37m. (13° ♑ 35′)

NEW MOON–May 10,00h.28m. (19° ♉ 31′)

 MAY 2013

D M	D W	Sidereal Time	☉ Long.	☉ Dec.	☽ Long.	☽ Lat.	☽ Dec.	☽ Node	24h. ☽ Long.	24h. ☽ Dec.
		h m s	° ′ ″	° ′	° ′ ″	° ′	° ′	° ′	° ′ ″	° ′
1	W	2 38 19	11 ♉ 16 14	15 N13	28 ♑ 37 45	5 N02	15 S 30	17 ♏ 13	5 ♒ 40 37	13 S 49
2	Th	2 42 15	12 14 27	15 30	12 ♒ 39 07	5 17	11 56	17 10	19 33 08	9 56
3	F	2 46 12	13 12 39	15 48	26 22 39	5 13	7 48	17 06	3 ♓ 07 45	5 37
4	S	2 50 08	14 10 49	16 06	9 ♓ 48 29	4 53	3 S 22	17 03	16 25 01	1 S 07
5	Su	2 54 05	15 08 57	16 23	22 57 29	4 17	1 N08	17 00	29 26 04	3 N21
6	M	2 58 01	16 07 05	16 40	5 ♈ 50 57	3 29	5 31	16 57	12 ♈ 12 18	7 36
7	T	3 01 58	17 05 10	16 56	18 30 19	2 31	9 35	16 54	24 45 12	11 27
8	W	3 05 55	18 03 14	17 12	0 ♉ 57 07	1 27	13 10	16 51	7 ♉ 06 17	14 44
9	Th	3 09 51	19 01 17	17 28	13 12 53	0 N20	16 08	16 47	19 17 08	17 20
10	F	3 13 48	19 59 18	17 44	25 19 14	0 S 47	18 20	16 44	1 ♊ 19 24	19 08
11	S	3 17 44	20 57 18	18 00	7 ♊ 17 54	1 51	19 42	16 41	13 14 59	20 03
12	Su	3 21 41	21 55 16	18 15	19 10 56	2 50	20 10	16 38	25 06 05	20 04
13	M	3 25 37	22 53 12	18 29	1 ♋ 00 46	3 41	19 45	16 35	6 ♋ 55 21	19 12
14	T	3 29 34	23 51 07	18 44	12 50 14	4 23	18 27	16 31	18 45 51	17 30
15	W	3 33 30	24 49 00	18 58	24 42 39	4 54	16 21	16 28	0 ♌ 41 09	15 02
16	Th	3 37 27	25 46 51	19 12	6 ♌ 41 49	5 12	13 33	16 25	12 45 12	11 55
17	F	3 41 24	26 44 40	19 26	18 51 50	5 17	10 09	16 22	25 02 15	8 14
18	S	3 45 20	27 42 28	19 39	1 ♍ 16 59	5 07	6 14	16 19	7 ♍ 36 33	4 N07
19	Su	3 49 17	28 40 14	19 52	14 01 26	4 42	1 N57	16 16	20 32 05	0 S 18
20	M	3 53 13	29 ♉ 37 58	20 04	27 08 51	4 02	2 S 34	16 12	3 ♎ 52 03	4 51
21	T	3 57 10	0 ♊ 35 41	20 16	10 ♎ 41 52	3 07	7 06	16 09	17 38 21	9 18
22	W	4 01 06	1 33 22	20 28	24 41 26	2 00	11 25	16 06	1 ♏ 50 54	13 24
23	Th	4 05 03	2 31 02	20 40	9 ♏ 06 21	0 S 43	15 12	16 03	16 27 12	16 47
24	F	4 08 59	3 28 41	20 51	23 52 43	0 N39	18 07	16 00	1 ♐ 22 02	19 08
25	S	4 12 56	4 26 18	21 02	8 ♐ 54 05	1 59	19 49	15 57	16 27 47	20 09
26	Su	4 16 53	5 23 54	21 12	24 01 56	3 11	20 07	15 53	1 ♑ 35 22	19 43
27	M	4 20 49	6 21 29	21 22	9 ♑ 06 55	4 10	18 58	15 50	16 35 32	17 53
28	T	4 24 46	7 19 03	21 32	24 00 14	4 51	16 32	15 47	1 ♒ 20 13	14 55
29	W	4 28 42	8 16 36	21 41	8 ♒ 34 51	5 12	13 05	15 44	15 43 40	11 06
30	Th	4 32 39	9 14 08	21 50	22 46 22	5 13	8 59	15 41	29 42 48	6 46
31	F	4 36 35	10 ♊ 11 39	21 N58	6 ♓ 32 59	4 N57	4 S 31	15 ♏ 37	13 ♓ 17 02	2 S 14

D M	Mercury Lat.	Mercury Dec.		Venus Lat.	Venus Dec.		Mars Lat.	Mars Dec.		Jupiter Lat.	Jupiter Dec.
	° ′	° ′	° ′	° ′	° ′	° ′	° ′	° ′	° ′	° ′	° ′
1	1 S 34	9 N54	10 N 42	0 S 22	17 N23	17 N45	0 S 15	14 N00	14 N 15	0 S 19	22 N32
3	1 18	11 31	12 20	0 17	18 06	18 27	0 14	14 29	14 44	0 19	22 35
5	1 00	13 09	13 58	0 12	18 48	19 08	0 13	14 58	15 13	0 19	22 37
7	0 40	14 46	15 34	0 07	19 27	19 46	0 12	15 27	15 41	0 18	22 40
9	0 S 20	16 21	17 08	0 S 03	20 04	20 22	0 10	15 54	16 08	0 18	22 42
11	0 N01	17 53	18 37	0 N 02	20 39	20 56	0 09	16 21	16 35	0 18	22 44
13	0 22	19 20	20 01	0 07	21 12	21 28	0 08	16 48	17 01	0 18	22 47
15	0 43	20 40	21 17	0 12	21 43	21 57	0 06	17 14	17 26	0 17	22 49
17	1 02	21 52	22 25	0 17	22 11	22 24	0 05	17 39	17 51	0 17	22 51
19	1 20	22 55	23 23	0 22	22 36	22 48	0 04	18 03	18 15	0 17	22 53
21	1 36	23 48	24 10	0 27	22 59	23 10	0 02	18 27	18 38	0 17	22 55
23	1 49	24 30	24 47	0 32	23 20	23 29	0 S 01	18 49	19 01	0 16	22 56
25	1 59	25 01	25 13	0 36	23 37	23 45	0 00	19 12	19 22	0 16	22 58
27	2 06	25 23	25 30	0 41	23 52	23 59	0 N 01	19 33	19 43	0 16	23 00
29	2 10	25 35	25 N 37	0 46	24 05	24 N10	0 03	19 53	20 N 03	0 16	23 01
31	2 N11	25 N38		0 N 50	24 N14		0 N 04	20 N13		0 S 16	23 N03

FIRST QUARTER–May 18,04h.34m. (27° ♌ 25′)

FULL MOON–May 25,04h.25m. (4°♐08′)

D M	☿ Long.	♀ Long.	♂ Long.	♃ Long.	♄ Long.	♅ Long.	♆ Long.	♇ Long.	☉	☿	♀	♂	♃	♄	♅	♆	♇
	° ′	° ′	° ′	° ′	° ′	° ′	° ′	° ′									
1	29♈42	20♉00	8♉12	17♊35	7♏58	10♈20	5♓01	11♑30		□			⚼			⚺	
2	1♉40	21 14	8 57	17 48	7R 54	10 23	5 02	11R 29	□			□	△	□	⚹		⚺
3	3 40	22 27	9 41	18 00	7 49	10 26	5 03	11 29			□				∠		∠
4	5 42	23 41	10 25	18 13	7 45	10 29	5 04	11 28	⚹	⚹		⚹		△	⚺	☌	⚹
5	7 45	24 55	11 10	18 26	7 40	10 32	5 05	11 28		∠	⚹	∠	□	⚼			
6	9 49	26 09	11 54	18 38	7 36	10 35	5 06	11 27	∠	⚺	∠				☌	⚺	□
7	11 55	27 23	12 38	18 51	7 31	10 38	5 07	11 26	⚺			⚺	⚹			∠	
8	14 02	28 37	13 22	19 04	7 27	10 41	5 08	11 25			⚺		∠			⚹	
9	16 10	29♉51	14 06	19 17	7 23	10 43	5 09	11 25		●		●		☍	⚺		△
10	18 20	1♊04	14 50	19 30	7 18	10 46	5 10	11 24	●				⚺		∠		⚼
11	20 30	2 18	15 34	19 43	7 14	10 49	5 11	11 23			☌				⚹	□	
12	22 40	3 32	16 18	19 56	7 09	10 52	5 12	11 22	⚺	⚺		⚺	☌	⚼			
13	24 51	4 46	17 02	20 09	7 05	10 55	5 12	11 21			⚺	∠				△	
14	27 02	5 59	17 46	20 22	7 01	10 57	5 13	11 21	∠	∠		⚹		△	□		☍
15	29♉13	7 13	18 30	20 35	6 57	11 00	5 14	11 20	⚹	⚹	∠		⚺			⚼	
16	1♊23	8 27	19 13	20 48	6 52	11 03	5 15	11 19			⚹		∠	□	△		
17	3 32	9 41	19 57	21 01	6 48	11 05	5 15	11 18				□	⚹				
18	5 41	10 54	20 41	21 14	6 44	11 08	5 16	11 17	□	□				⚹	⚼	☍	⚼
19	7 48	12 08	21 24	21 28	6 40	11 11	5 17	11 16			□						△
20	9 53	13 21	22 08	21 41	6 36	11 13	5 17	11 15	△			△	□	∠			
21	11 57	14 35	22 51	21 54	6 32	11 16	5 18	11 14	⚼	△	△	⚼		⚺	☍		□
22	13 59	15 49	23 34	22 07	6 28	11 18	5 18	11 13		⚼	⚼		△			⚼	
23	15 58	17 02	24 18	22 21	6 24	11 21	5 19	11 12					⚼	☌		△	⚹
24	17 55	18 16	25 01	22 34	6 20	11 23	5 19	11 10				☍			⚼		∠
25	19 50	19 29	25 44	22 48	6 17	11 25	5 20	11 09	☍					⚺	△	□	⚺
26	21 41	20 43	26 27	23 01	6 13	11 28	5 20	11 08		☍	☍		☍	∠			
27	23 31	21 56	27 11	23 15	6 09	11 30	5 21	11 07				⚼		⚹	□	⚹	☌
28	25 17	23 10	27 54	23 28	6 06	11 32	5 21	11 06	⚼			△				∠	
29	27 01	24 23	28 37	23 42	6 02	11 34	5 21	11 05	△	⚼	⚼		⚼	□	⚹	⚺	⚺
30	28♊42	25 36	29♉20	23 55	5 59	11 37	5 21	11 03		△	△	□	△		∠		∠
31	0♋20	26♊50	0♊02	24♊09	5♏56	11♈39	5♓22	11♑02	□					△	⚺	☌	⚹

D M	Saturn Lat.	Saturn Dec.	Uranus Lat.	Uranus Dec.	Neptune Lat.	Neptune Dec.	Pluto Lat.	Pluto Dec.
	° ′	° ′	° ′	° ′	° ′	° ′	° ′	° ′
1	2N41	11S38	0S40	3N28	0S38	10S16	3N17	19S40
3	2 41	11 35	0 40	3 31	0 38	10 15	3 17	19 40
5	2 41	11 32	0 40	3 33	0 38	10 14	3 17	19 40
7	2 41	11 29	0 40	3 35	0 38	10 14	3 17	19 41
9	2 40	11 26	0 40	3 37	0 38	10 13	3 17	19 41
11	2 40	11 24	0 40	3 40	0 38	10 12	3 17	19 41
13	2 40	11 21	0 41	3 42	0 38	10 12	3 17	19 41
15	2 40	11 19	0 41	3 44	0 39	10 11	3 17	19 41
17	2 40	11 16	0 41	3 46	0 39	10 11	3 17	19 41
19	2 39	11 14	0 41	3 48	0 39	10 10	3 16	19 42
21	2 39	11 11	0 41	3 50	0 39	10 10	3 16	19 42
23	2 39	11 09	0 41	3 52	0 39	10 10	3 16	19 42
25	2 39	11 07	0 41	3 54	0 39	10 09	3 16	19 42
27	2 38	11 05	0 41	3 55	0 39	10 09	3 16	19 43
29	2 38	11 03	0 41	3 57	0 39	10 09	3 16	19 43
31	2N37	11S01	0S41	3N59	0S39	10S09	3N16	19S43

Mutual Aspects

1 ☉⊥♃. ☉△♇. ♂☍♄. ☿#♆.
3 ☿∠♃. ☿#♄.
4 ☿⚹♆. ♂⚺♅.
5 ☿☍♄. ♂△♇.
6 ☿⚺♅. ♀∠♅. ♀⚼♇.
7 ☉⊥♅. ☉Q♆. ☿⊥♃. ☿△♇. ♂⊥♃.
8 ☿☌♂. ☿‖♂. ♀#♇.
9 ☉⚺♃. ☿⊥♅. ☿Q♆.
11 ☉☌☿. ☿⚺♃. ☉‖☿.
13 ☿∠♅. ♀□♆. ♀±♇. ♂⊥♅. ♂Q♆.
14 ☿⚼♇. ☿#♇.
15 ♀▽♄. 16 ☉∠♅.
17 ☉⚼♇.
18 ☿▽♄. ☿□♆. ☿±♇. ♀⚹♅. ♀▽♇.
☉#♇. ☿‖♀.
19 ♀±♄. ♂⚺♃. ☿‖♃.
20 ♃⚼♄. ♅□♇.
21 ☿±♄. ☿⚹♅. ☿▽♇. ♀‖♃.
22 ♅⊥♆. 24 ☿☌♀.
26 ☉□♆. ☉±♇. ☿⚼♄. ♀⚼♄. ♂∠♅.
♂⚼♇.
27 ☉▽♄. ☿☌♃. ☿Q♅.
28 ♀☌♃. ♀Q♅. ♃Q♅. ♂#♇.
31 ☿⚺♂.

LAST QUARTER–May 2,11h.14m. (12°♒13′) & May 31,18h.58m. (10°♓28′)

NEW MOON–June 8,15h.56m. (18°♊01′)

D M	D W	Sidereal Time	☉ Long.	☉ Dec.	☽ Long.	☽ Lat.	☽ Dec.	☽ Node	24h. ☽ Long.	24h. ☽ Dec.
		h m s	° ′ ″	° ′	° ′ ″	° ′	° ′	° ′	° ′ ″	° ′
1	S	4 40 32	11 ♊ 09 10	22 N07	19 ♓ 55 11	4 N24	0 N03	15 ♏ 34	26 ♓ 27 45	2 N18
2	Su	4 44 28	12 06 39	22 14	2 ♈ 55 06	3 38	4 30	15 31	9 ♈ 17 37	6 37
3	M	4 48 25	13 04 08	22 22	15 35 45	2 43	8 39	15 28	21 49 55	10 33
4	T	4 52 22	14 01 37	22 29	28 00 33	1 41	12 20	15 25	4 ♉ 08 04	13 58
5	W	4 56 18	14 59 04	22 35	10 ♉ 12 52	0 N36	15 27	15 22	16 15 21	16 44
6	Th	5 00 15	15 56 31	22 42	22 15 50	0 S30	17 51	15 18	28 14 40	18 45
7	F	5 04 11	16 53 57	22 47	4 ♊ 12 10	1 34	19 26	15 15	10 ♊ 08 35	19 55
8	S	5 08 08	17 51 22	22 53	16 04 12	2 34	20 10	15 12	21 59 16	20 11
9	Su	5 12 04	18 48 47	22 58	27 54 02	3 26	19 59	15 09	3 ♋ 48 45	19 34
10	M	5 16 01	19 46 10	23 02	9 ♋ 43 38	4 10	18 56	15 06	15 38 58	18 05
11	T	5 19 57	20 43 33	23 07	21 35 00	4 43	17 03	15 02	27 32 02	15 50
12	W	5 23 54	21 40 55	23 10	3 ♌ 30 21	5 03	14 27	14 59	9 ♌ 30 19	12 54
13	Th	5 27 51	22 38 16	23 14	15 32 16	5 11	11 13	14 56	21 36 36	9 25
14	F	5 31 47	23 35 36	23 17	27 43 44	5 05	7 29	14 53	3 ♍ 54 06	5 28
15	S	5 35 44	24 32 55	23 19	10 ♍ 08 10	4 44	3 N23	14 50	16 26 25	1 N13
16	Su	5 39 40	25 30 13	23 22	22 49 19	4 10	0 S58	14 47	29 17 21	3 S11
17	M	5 43 37	26 27 31	23 23	5 ♎ 50 56	3 21	5 24	14 43	12 ♎ 30 30	7 35
18	T	5 47 33	27 24 47	23 25	19 16 23	2 21	9 43	14 40	26 08 50	11 45
19	W	5 51 30	28 22 03	23 26	3 ♏ 08 01	1 S10	13 39	14 37	10 ♏ 13 56	15 23
20	Th	5 55 26	29 ♊ 19 18	23 26	17 26 26	0 N07	16 55	14 34	24 45 11	18 12
21	F	5 59 23	0 ♋ 16 32	23 26	2 ♐ 09 41	1 26	19 11	14 31	9 ♐ 39 11	19 51
22	S	6 03 20	1 13 46	23 26	17 12 45	2 40	20 10	14 28	24 49 18	20 07
23	Su	6 07 16	2 11 00	23 25	2 ♑ 27 34	3 44	19 41	14 24	10 ♑ 06 15	18 54
24	M	6 11 13	3 08 13	23 24	17 43 58	4 32	17 46	14 21	25 19 22	16 20
25	T	6 15 09	4 05 25	23 22	2 ♒ 51 11	5 00	14 39	14 18	10 ♒ 18 18	12 44
26	W	6 19 06	5 02 38	23 20	17 39 46	5 08	10 39	14 15	24 54 51	8 26
27	Th	6 23 02	5 59 50	23 18	2 ♓ 03 02	4 55	6 09	14 12	9 ♓ 04 00	3 S48
28	F	6 26 59	6 57 03	23 15	15 57 40	4 26	1 S27	14 08	22 44 04	0 N53
29	S	6 30 55	7 54 15	23 12	29 23 29	3 42	3 N09	14 05	5 ♈ 56 13	5 22
30	Su	6 34 52	8 ♋ 51 28	23 N08	12 ♈ 22 45	2 N48	7 N29	14 ♏ 02	18 ♈ 43 36	9 N29

D M	Mercury Lat.	Mercury Dec.		Venus Lat.	Venus Dec.		Mars Lat.	Mars Dec.		Jupiter Lat.	Jupiter Dec.
	° ′	° ′	° ′	° ′	° ′	° ′	° ′	° ′	° ′	° ′	° ′
1	2 N11	25 N36	25 N 33	0 N 52	24 N18	24 N21	0 N 05	20 N23	20 N 32	0 S 15	23 N03
3	2 07	25 27	25 21	0 57	24 23	24 24	0 06	20 41	20 50	0 15	23 05
5	2 00	25 12	25 02	1 01	24 25	24 25	0 07	20 59	21 08	0 15	23 06
7	1 50	24 51	24 39	1 05	24 24	24 23	0 08	21 16	21 24	0 15	23 07
9	1 37	24 26	24 11	1 09	24 21	24 18	0 10	21 32	21 40	0 15	23 08
11	1 21	23 56	23 40	1 12	24 14	24 10	0 11	21 48	21 55	0 14	23 09
13	1 02	23 23	23 06	1 16	24 05	23 59	0 12	22 02	22 09	0 14	23 10
15	0 40	22 48	22 30	1 19	23 53	23 46	0 14	22 16	22 22	0 14	23 11
17	0 N16	22 12	21 53	1 22	23 38	23 30	0 15	22 29	22 35	0 14	23 11
19	0 S11	21 35	21 16	1 25	23 21	23 11	0 16	22 41	22 46	0 14	23 12
21	0 40	20 58	20 40	1 28	23 00	22 49	0 17	22 52	22 57	0 13	23 12
23	1 10	20 22	20 04	1 30	22 37	22 25	0 19	23 02	23 07	0 13	23 13
25	1 42	19 48	19 31	1 32	22 12	21 58	0 20	23 11	23 16	0 13	23 13
27	2 14	19 16	19 01	1 34	21 44	21 29	0 21	23 20	23 24	0 13	23 13
29	2 46	18 47	18 N 34	1 36	21 14	20 N57	0 22	23 28	23 N 31	0 13	23 13
31	3 S16	18 N22		1 N 37	20 N41		0 N 24	23 N34		0 S 13	23 N13

FIRST QUARTER–June16,17h.24m. (25°♍43′)

FULL MOON–June23,11h.32m. (2°♑10′)

D	☿	♀	♂	♃	♄	♅	♆	♇	Lunar Aspects								
M	Long.	Long.	Long.	Long.	Long.	Long.	Long.	Long.	☉	☿	♀	♂	♃	♄	♅	♆	♇
	° ′	° ′	° ′	° ′	° ′	° ′	° ′	° ′									
1	1♋55	28♊03	0♊45	24♊23	5♏52	11♈41	5♓22	11♑01					□	⚼			
2	3 27	29♊17	1 28	24 36	5R 49	11 43	5 22	11R 00		□	□	⚹				⚺	
3	4 56	0♋30	2 11	24 50	5 46	11 45	5 22	10 58	⚹			∠			☌	∠	□
4	6 22	1 43	2 54	25 03	5 43	11 47	5 22	10 57	∠		⚹	⚺	⚹				
5	7 45	2 57	3 36	25 17	5 40	11 49	5 22	10 56	⚺	⚹			∠	☍	⚺	⚹	△
6	9 05	4 10	4 19	25 31	5 37	11 51	5 22	10 55		∠	∠		⚺		∠		⚼
7	10 21	5 23	5 01	25 45	5 34	11 53	5R 22	10 53			⚺	☌				□	
8	11 35	6 36	5 44	25 58	5 31	11 55	5 22	10 52	☌	⚺				⚼	⚹		
9	12 45	7 50	6 26	26 12	5 28	11 56	5 22	10 50					☌				
10	13 52	9 03	7 09	26 26	5 26	11 58	5 22	10 49		☌	☌	⚺		△	□	△	☍
11	14 56	10 16	7 51	26 39	5 23	12 00	5 22	10 48	⚺			∠	⚺			⚼	
12	15 56	11 29	8 33	26 53	5 21	12 02	5 22	10 46	∠			⚹		□			
13	16 53	12 43	9 15	27 07	5 18	12 03	5 22	10 45		⚺	⚺		∠		△		
14	17 46	13 56	9 58	27 21	5 16	12 05	5 22	10 43	⚹	∠	∠		⚹		⚼		⚼
15	18 35	15 09	10 40	27 35	5 14	12 06	5 21	10 42			⚹	□		⚹		☍	△
16	19 21	16 22	11 22	27 48	5 12	12 08	5 21	10 41	□	⚹			□	∠			
17	20 03	17 35	12 04	28 02	5 10	12 09	5 21	10 39				△		⚺	☍		□
18	20 40	18 48	12 46	28 16	5 08	12 11	5 20	10 38		□	□					⚼	
19	21 14	20 01	13 28	28 30	5 06	12 12	5 20	10 36	△			⚼	△	☌		△	
20	21 44	21 14	14 09	28 43	5 04	12 13	5 20	10 35	⚼	△	△		⚼				⚹
21	22 09	22 27	14 51	28 57	5 03	12 15	5 19	10 33		⚼	⚼			⚺	⚼	□	∠
22	22 29	23 40	15 33	29 11	5 01	12 16	5 19	10 32				☍		∠	△		⚺
23	22 46	24 53	16 15	29 25	5 00	12 17	5 18	10 30	☍				☍	⚹		⚹	
24	22 57	26 06	16 56	29 38	4 58	12 18	5 18	10 29		☍					□	∠	☌
25	23 04	27 19	17 38	29♊52	4 57	12 19	5 17	10 27			☍	⚼		□		⚺	
26	23 07	28 32	18 19	0♋06	4 56	12 20	5 17	10 26	⚼			△	⚼		⚹		⚺
27	23R 05	29♋45	19 01	0 20	4 55	12 21	5 16	10 24	△	⚼			△	△	∠	☌	∠
28	22 58	0♌57	19 42	0 33	4 54	12 22	5 15	10 23			⚼	□		⚼	⚺		⚹
29	22 47	2 10	20 24	0 47	4 53	12 23	5 15	10 21		△	△		□			⚺	
30	22♋32	3♌23	21♊05	1♋01	4♏52	12♈24	5♓14	10♑20	□						☌		□

D	Saturn		Uranus		Neptune		Pluto	
M	Lat.	Dec.	Lat.	Dec.	Lat.	Dec.	Lat.	Dec.
	° ′	° ′	° ′	° ′	° ′	° ′	° ′	° ′
1	2N37	11S00	0S41	3N59	0S39	10S09	3N16	19S43
3	2 37	10 58	0 41	4 01	0 39	10 09	3 16	19 44
5	2 37	10 57	0 41	4 03	0 39	10 09	3 16	19 44
7	2 36	10 55	0 41	4 04	0 39	10 09	3 16	19 44
9	2 36	10 54	0 41	4 05	0 39	10 09	3 16	19 45
11	2 35	10 53	0 41	4 07	0 39	10 09	3 15	19 45
13	2 35	10 51	0 41	4 08	0 39	10 09	3 15	19 45
15	2 34	10 50	0 41	4 09	0 39	10 10	3 15	19 46
17	2 34	10 49	0 41	4 10	0 40	10 10	3 15	19 46
19	2 33	10 49	0 41	4 11	0 40	10 10	3 15	19 47
21	2 33	10 48	0 41	4 12	0 40	10 10	3 15	19 47
23	2 32	10 47	0 42	4 13	0 40	10 11	3 14	19 47
25	2 32	10 47	0 42	4 14	0 40	10 11	3 14	19 48
27	2 31	10 47	0 42	4 15	0 40	10 12	3 14	19 48
29	2 31	10 47	0 42	4 15	0 40	10 12	3 14	19 49
31	2N30	10S47	0S42	4N16	0S40	10S13	3N14	19S49

Mutual Aspects

1 ☉⚻♇.
2 ☉±♄. ☉⚹♅.
3 ☿△♆. 4 ☿△♄.
6 ♀⚺♂.
7 ☿☍♇. ♀△♄. ♀△♆. ♂□♆. ♂±♇.
♆Stat.
8 ☿⊥♂. ☿□♅. ♂⚻♄.
9 ☿ ∥ ♀.
11 ☉⚼♄. ♀☍♇. ♄△♆.
12 ♀□♅. ☉ ∥ ♃.
13 ☉ ∥ ☿. 14 ☿ ∥ ♃.
15 ☉Q♅. ♂⚻♇.
16 ♂±♄. ☿ ∥ ♂.
17 ☿⚼♆. ♂⚹♅.
18 ♀⊥♂.
19 ☉☌♃. ♀⚼♆. ☉ ∥ ♀.
20 ♀ ∥ ♃. 21 ☿☌♀.
22 ♀ ∥ ♂.
24 ☿⊥♂.
25 ☿#♇. ♂ ∥ ♃.
26 ☉△♄. ☉△♆. ☿Stat.
27 ♀±♆. ☉ ∥ ♂.
28 ♀⚺♃. ♂⚼♄.
29 ☉ ∥ ♃.

LAST QUARTER–June30,04h.54m. (8°♈35′)

NEW MOON–July 8,07h.14m. (16°♋18′)

D M	D W	Sidereal Time	☉ Long.	☉ Dec.	☽ Long.	☽ Lat.	☽ Dec.	☽ Node	24h. ☽ Long.	24h. ☽ Dec.
		h m s	° ′ ″	° ′	° ′ ″	° ′	° ′	° ′	° ′ ″	° ′
1	M	6 38 49	9♋48 40	23 N04	24♈59 18	1 N48	11 N21	13♏59	1♉10 28	13 N04
2	T	6 42 45	10 45 53	23 00	7♉17 41	0 N44	14 38	13 56	13 21 33	16 02
3	W	6 46 42	11 43 06	22 55	19 22 37	0 S21	17 14	13 53	25 21 25	18 15
4	Th	6 50 38	12 40 20	22 50	1♊18 29	1 24	19 03	13 49	7♊14 15	19 39
5	F	6 54 35	13 37 33	22 44	13 09 10	2 23	20 01	13 46	19 03 37	20 10
6	S	6 58 31	14 34 47	22 38	24 57 56	3 15	20 06	13 43	0♋52 26	19 48
7	Su	7 02 28	15 32 01	22 32	6♋47 22	3 59	19 17	13 40	12 42 58	18 34
8	M	7 06 24	16 29 14	22 25	18 39 29	4 32	17 39	13 37	24 37 04	16 32
9	T	7 10 21	17 26 28	22 18	0♌35 55	4 54	15 14	13 34	6♌36 12	13 46
10	W	7 14 18	18 23 42	22 10	12 38 06	5 03	12 10	13 30	18 41 48	10 26
11	Th	7 18 14	19 20 57	22 02	24 47 31	4 58	8 34	13 27	0♍55 28	6 37
12	F	7 22 11	20 18 11	21 54	7♍05 54	4 40	4 34	13 24	13 19 07	2 N28
13	S	7 26 07	21 15 25	21 45	19 35 25	4 08	0 N19	13 21	25 55 09	1 S51
14	Su	7 30 04	22 12 39	21 36	2♎18 41	3 23	4 S01	13 18	8♎46 25	6 10
15	M	7 34 00	23 09 53	21 27	15 18 45	2 27	8 17	13 14	21 56 02	10 19
16	T	7 37 57	24 07 07	21 17	28 38 41	1 21	12 15	13 11	5♏27 00	14 03
17	W	7 41 53	25 04 22	21 07	12♏21 14	0 S09	15 41	13 08	19 21 34	17 07
18	Th	7 45 50	26 01 36	20 56	26 28 01	1 N05	18 18	13 05	3♐40 29	19 13
19	F	7 49 47	26 58 51	20 46	10♐58 41	2 18	19 49	13 02	18 22 09	20 05
20	S	7 53 43	27 56 06	20 34	25 50 11	3 22	20 00	12 59	3♑21 56	19 34
21	Su	7 57 40	28 53 21	20 23	10♑56 20	4 14	18 46	12 55	18 32 10	17 39
22	M	8 01 36	29♋50 37	20 11	26 08 08	4 48	16 13	12 52	3♒42 53	14 30
23	T	8 05 33	0♌47 53	19 59	11♒15 05	5 01	12 34	12 49	18 43 28	10 27
24	W	8 09 29	1 45 10	19 46	26 06 57	4 54	8 12	12 46	3♓24 34	5 51
25	Th	8 13 26	2 42 27	19 33	10♓35 36	4 28	3 S27	12 43	17 39 32	1 S03
26	F	8 17 22	3 39 46	19 20	24 36 07	3 46	1 N19	12 40	1♈25 14	3 N38
27	S	8 21 19	4 37 05	19 06	8♈07 01	2 53	5 52	12 36	14 41 43	8 00
28	Su	8 25 16	5 34 25	18 52	21 09 45	1 53	10 00	12 33	27 31 36	11 51
29	M	8 29 12	6 31 46	18 38	3♉47 50	0 N48	13 32	12 30	9♉59 05	15 03
30	T	8 33 09	7 29 09	18 24	16 06 01	0 S17	16 23	12 27	22 09 17	17 31
31	W	8 37 05	8♌26 32	18 N09	28♉09 33	1 S20	18 N27	12♏24	4♊07 27	19 N10

D M	Mercury Lat.	Mercury Dec.		Venus Lat.	Venus Dec.		Mars Lat.	Mars Dec.		Jupiter Lat.	Jupiter Dec.
	° ′	° ′	° ′	° ′	° ′	° ′	° ′	° ′	° ′	° ′	° ′
1	3 S16	18 N22	18 N 12	1 N 37	20 N41	20 N24	0 N 24	23 N34	23 N 38	0 S 13	23 N13
3	3 45	18 02	17 54	1 38	20 06	19 47	0 25	23 40	23 43	0 12	23 13
5	4 09	17 47	17 41	1 39	19 28	19 09	0 26	23 45	23 48	0 12	23 13
7	4 30	17 37	17 34	1 39	18 49	18 29	0 27	23 50	23 51	0 12	23 13
9	4 44	17 33	17 33	1 40	18 08	17 46	0 29	23 53	23 54	0 12	23 12
11	4 52	17 34	17 36	1 39	17 24	17 02	0 30	23 56	23 56	0 12	23 12
13	4 54	17 40	17 45	1 39	16 39	16 16	0 31	23 57	23 58	0 12	23 11
15	4 49	17 51	17 58	1 38	15 52	15 28	0 32	23 58	23 58	0 11	23 10
17	4 38	18 06	18 15	1 37	15 04	14 39	0 33	23 58	23 58	0 11	23 10
19	4 22	18 25	18 35	1 36	14 14	13 48	0 35	23 57	23 56	0 11	23 09
21	4 01	18 46	18 57	1 34	13 22	12 56	0 36	23 55	23 54	0 11	23 08
23	3 37	19 08	19 20	1 32	12 30	12 03	0 37	23 53	23 51	0 11	23 07
25	3 09	19 31	19 42	1 30	11 36	11 08	0 38	23 50	23 48	0 10	23 06
27	2 40	19 53	20 03	1 27	10 40	10 12	0 39	23 46	23 43	0 10	23 05
29	2 10	20 12	20 N 20	1 24	9 44	9 N16	0 41	23 41	23 N 38	0 10	23 03
31	1 S39	20 N28		1 N 21	8 N47		0 N 42	23 N35		0 S 10	23 N02

FIRST QUARTER–July16,03h.18m. (23°♎46′)

FULL MOON–July22,18h.16m. (0°♒06′)

D M	☿ Long.	♀ Long.	♂ Long.	♃ Long.	♄ Long.	♅ Long.	♆ Long.	♇ Long.	☉	☿	♀	♂	♃	♄	♅	♆	♇
	° ′	° ′	° ′	° ′	° ′	° ′	° ′	° ′									
1	22♋12	4♌36	21♊46	1♋14	4♏51	12♈25	5♓13	10♑18		□		✱				∠	
2	21R 49	5 49	22 27	1 28	4R 51	12 26	5R 12	10R 17	✱		□	∠	✱	☍	⊻	✱	△
3	21 22	7 01	23 09	1 42	4 50	12 26	5 12	10 15		✱		⊻	∠				⚼
4	20 52	8 14	23 50	1 55	4 50	12 27	5 11	10 14	∠	∠			⊻		∠	□	
5	20 20	9 27	24 31	2 09	4 49	12 28	5 10	10 12	⊻		✱				✱		
6	19 45	10 39	25 12	2 23	4 49	12 28	5 09	10 11		⊻	∠	☌		⚼			
7	19 08	11 52	25 53	2 36	4 49	12 29	5 08	10 09			⊻		☌	△	□	△	☍
8	18 31	13 05	26 34	2 50	4D 49	12 29	5 07	10 08	☌	●						⚼	
9	17 53	14 17	27 15	3 03	4 49	12 30	5 06	10 06				⊻	⊻	□			
10	17 15	15 30	27 56	3 17	4 49	12 30	5 05	10 05		⊻	☌	∠	∠		△		
11	16 38	16 42	28 36	3 30	4 50	12 30	5 04	10 03	⊻			✱			⚼		⚼
12	16 03	17 55	29 17	3 44	4 50	12 31	5 03	10 02	∠	∠			✱	✱		☍	△
13	15 30	19 07	29♊58	3 57	4 50	12 31	5 02	10 00	✱	✱	⊻			∠			
14	14 59	20 20	0♋38	4 11	4 51	12 31	5 01	9 59			∠	□	□	⊻			
15	14 32	21 32	1 19	4 24	4 52	12 31	5 00	9 57		□					☍	⚼	□
16	14 09	22 44	1 59	4 37	4 52	12 31	4 59	9 56	□		✱	△	△	☌		△	
17	13 50	23 57	2 40	4 50	4 53	12 31	4 58	9 54		△		⚼					✱
18	13 35	25 09	3 20	5 04	4 54	12R 31	4 57	9 53	△	⚼	□		⚼		⚼		∠
19	13 26	26 21	4 01	5 17	4 55	12 31	4 55	9 52	⚼					⊻	△	□	⊻
20	13 22	27 34	4 41	5 30	4 57	12 31	4 54	9 50			△			∠			
21	13D 23	28 46	5 21	5 43	4 58	12 31	4 53	9 49		☍	⚼	☍	☍	✱	□	✱	☌
22	13 30	29♌58	6 01	5 56	4 59	12 31	4 52	9 47	☍							∠	
23	13 43	1♍10	6 42	6 10	5 01	12 31	4 51	9 46						□	✱	⊻	⊻
24	14 01	2 22	7 22	6 23	5 02	12 30	4 49	9 45		⚼	☍	⚼	⚼		∠		∠
25	14 26	3 34	8 02	6 36	5 04	12 30	4 48	9 43		△		△	△	△	⊻	☌	✱
26	14 56	4 46	8 42	6 49	5 05	12 29	4 47	9 42	⚼					⚼			
27	15 33	5 58	9 22	7 01	5 07	12 29	4 45	9 40	△			□	□		☌	⊻	□
28	16 15	7 10	10 02	7 14	5 09	12 29	4 44	9 39		□	⚼					∠	
29	17 03	8 22	10 42	7 27	5 11	12 28	4 42	9 38	□		△		✱	☍		✱	△
30	17 57	9 34	11 21	7 40	5 13	12 27	4 41	9 37		✱		✱			⊻		
31	18♋56	10♍46	12♋01	7♋53	5♏16	12♈27	4♓40	9♑35				∠	∠		∠		⚼

D M	Saturn Lat.	Saturn Dec.	Uranus Lat.	Uranus Dec.	Neptune Lat.	Neptune Dec.	Pluto Lat.	Pluto Dec.
	° ′	° ′	° ′	° ′	° ′	° ′	° ′	° ′
1	2N30	10S47	0S42	4N16	0S40	10S13	3N14	19S49
3	2 30	10 47	0 42	4 16	0 40	10 14	3 14	19 49
5	2 29	10 47	0 42	4 17	0 40	10 14	3 13	19 50
7	2 29	10 47	0 42	4 17	0 40	10 15	3 13	19 50
9	2 28	10 48	0 42	4 17	0 40	10 16	3 13	19 51
11	2 28	10 49	0 42	4 18	0 40	10 16	3 13	19 51
13	2 27	10 49	0 42	4 18	0 40	10 17	3 12	19 52
15	2 27	10 50	0 42	4 18	0 40	10 18	3 12	19 52
17	2 26	10 51	0 42	4 18	0 40	10 19	3 12	19 53
19	2 26	10 52	0 42	4 18	0 40	10 20	3 12	19 53
21	2 25	10 54	0 42	4 18	0 41	10 21	3 11	19 54
23	2 24	10 55	0 42	4 17	0 41	10 22	3 11	19 54
25	2 24	10 57	0 43	4 17	0 41	10 23	3 11	19 54
27	2 23	10 58	0 43	4 17	0 41	10 24	3 11	19 55
29	2 23	11 00	0 43	4 16	0 41	10 25	3 10	19 55
31	2N22	11S02	0S43	4N16	0S41	10S26	3N10	19S56

Mutual Aspects

1 ☿⊻♂. ♀□♄.
2 ☉☍♇. ♀⚻♆.
4 ☉□♅. ♀⊥♃. ♀#♇.
5 ☿⚼♆. ♀∠♂. ♂Q♅.
6 ♀⚻♇.
8 ♀△♅. ♄Stat.
9 ☉☌☿. 10 ♀±♇.
11 ☿⊻♀. ☿॥♀.
12 ☉⚼♆. 13 ♀∠♃.
14 ☿⊥♀.
16 ♀Q♄.
17 ♃△♄. ♅Stat.
18 ♀⚼♇. ♃△♆.
19 ♄△♆.
20 ♀⚼♅. ♂△♄. ♂△♆. ☿Stat.
21 ☉±♆. ☿∠♀.
22 ☉⊻♀. ♂☌♃.
23 ☉#♇. 25 ☉॥☿.
26 ♀✱♄. ♀☍♆. ♀#♄.
27 ☉⚻♆. ♀±♅. ♂☍♇. ☿#♇.
28 ☉□♄. ♀✱♃. ♀#♆.
30 ☉⊻♃. ♀△♇.

LAST QUARTER–July29,17h.43m. (6°♉45′)

NEW MOON–Aug. 6,21h.51m. (14°♌35′)

D M	D W	Sidereal Time	☉ Long.	☉ Dec.	☽ Long.	☽ Lat.	☽ Dec.	☽ Node	24h. ☽ Long.	24h. ☽ Dec.
		h m s	° ′ ″	° ′	° ′ ″	° ′	° ′	° ′	° ′ ″	° ′
1	Th	8 41 02	9 ♌ 23 57	17 N54	10 ♊ 03 37	2 S 18	19 N41	12 ♏ 20	15 ♊ 58 38	19 N58
2	F	8 44 58	10 21 22	17 39	21 53 03	3 10	20 01	12 17	27 47 20	19 52
3	S	8 48 55	11 18 49	17 23	3 ♋ 41 57	3 54	19 29	12 14	9 ♋ 37 18	18 54
4	Su	8 52 51	12 16 17	17 07	15 33 44	4 28	18 06	12 11	21 31 31	17 06
5	M	8 56 48	13 13 46	16 51	27 30 56	4 50	15 55	12 08	3 ♌ 32 08	14 33
6	T	9 00 45	14 11 16	16 34	9 ♌ 35 20	5 00	13 02	12 05	15 40 37	11 22
7	W	9 04 41	15 08 46	16 17	21 48 06	4 55	9 34	12 01	27 57 52	7 40
8	Th	9 08 38	16 06 18	16 00	4 ♍ 10 00	4 37	5 40	11 58	10 ♍ 24 33	3 N36
9	F	9 12 34	17 03 51	15 43	16 41 38	4 06	1 N28	11 55	23 01 20	0 S 41
10	S	9 16 31	18 01 25	15 26	29 23 48	3 22	2 S 51	11 52	5 ♎ 49 09	5 00
11	Su	9 20 27	18 58 59	15 08	12 ♎ 17 36	2 27	7 06	11 49	18 49 21	9 09
12	M	9 24 24	19 56 35	14 50	25 24 38	1 23	11 07	11 46	2 ♏ 03 41	12 57
13	T	9 28 20	20 54 12	14 32	8 ♏ 46 48	0 S 13	14 38	11 42	15 34 11	16 08
14	W	9 32 17	21 51 49	14 13	22 26 03	0 N59	17 25	11 39	29 22 35	18 28
15	Th	9 36 14	22 49 28	13 54	6 ♐ 23 51	2 09	19 15	11 36	13 ♐ 29 51	19 44
16	F	9 40 10	23 47 07	13 35	20 40 26	3 13	19 54	11 33	27 55 20	19 45
17	S	9 44 07	24 44 47	13 16	5 ♑ 14 07	4 05	19 15	11 30	12 ♑ 36 12	18 26
18	Su	9 48 03	25 42 29	12 57	20 00 48	4 42	17 18	11 26	27 27 02	15 52
19	M	9 52 00	26 40 12	12 37	4 ♒ 53 53	5 00	14 11	11 23	12 ♒ 20 14	12 16
20	T	9 55 56	27 37 55	12 18	19 45 00	4 58	10 10	11 20	27 07 03	7 56
21	W	9 59 53	28 35 40	11 58	4 ♓ 25 22	4 36	5 36	11 17	11 ♓ 39 00	3 S 12
22	Th	10 03 49	29 ♌ 33 27	11 38	18 47 11	3 57	0 S 48	11 14	25 49 20	1 N35
23	F	10 07 46	0 ♍ 31 15	11 17	2 ♈ 45 00	3 05	3 N55	11 11	9 ♈ 33 58	6 10
24	S	10 11 43	1 29 04	10 57	16 16 11	2 03	8 18	11 07	22 51 44	10 17
25	Su	10 15 39	2 26 55	10 36	29 20 52	0 N57	12 08	11 04	5 ♉ 43 58	13 48
26	M	10 19 36	3 24 48	10 15	12 ♉ 01 29	0 S 10	15 17	11 01	18 13 58	16 34
27	T	10 23 32	4 22 43	9 54	24 22 01	1 15	17 38	10 58	0 ♊ 26 15	18 30
28	W	10 27 29	5 20 40	9 33	6 ♊ 27 22	2 16	19 09	10 55	12 25 59	19 35
29	Th	10 31 25	6 18 38	9 12	18 22 47	3 09	19 47	10 51	24 18 25	19 46
30	F	10 35 22	7 16 39	8 50	0 ♋ 13 30	3 54	19 32	10 48	6 ♋ 08 37	19 05
31	S	10 39 18	8 ♍ 14 41	8 N29	12 ♋ 04 18	4 S 29	18 N25	10 ♏ 45	18 ♋ 01 05	17 N33

D M	Mercury Lat.	Mercury Dec.	Mercury Dec.	Venus Lat.	Venus Dec.	Venus Dec.	Mars Lat.	Mars Dec.	Mars Dec.	Jupiter Lat.	Jupiter Dec.
	° ′	° ′	° ′	° ′	° ′	° ′	° ′	° ′	° ′	° ′	° ′
1	1 S 24	20 N33	20 N 38	1 N 19	8 N18	7 N49	0 N 42	23 N32	23 N 29	0 S 10	23 N01
3	0 54	20 41	20 41	1 16	7 19	6 50	0 44	23 25	23 22	0 10	23 00
5	0 S 25	20 40	20 37	1 12	6 20	5 50	0 45	23 18	23 14	0 10	22 59
7	0 N02	20 31	20 23	1 07	5 20	4 50	0 46	23 10	23 05	0 09	22 57
9	0 26	20 12	19 59	1 03	4 20	3 49	0 47	23 01	22 56	0 09	22 56
11	0 48	19 42	19 24	0 58	3 19	2 48	0 48	22 51	22 46	0 09	22 54
13	1 06	19 02	18 38	0 53	2 17	1 47	0 49	22 40	22 35	0 09	22 52
15	1 21	18 12	17 43	0 47	1 16	0 N45	0 51	22 29	22 24	0 09	22 50
17	1 32	17 12	16 38	0 41	0 N14	0 S 17	0 52	22 18	22 12	0 08	22 49
19	1 40	16 03	15 26	0 35	0 S 48	1 19	0 53	22 05	21 59	0 08	22 47
21	1 44	14 47	14 07	0 29	1 50	2 21	0 54	21 52	21 46	0 08	22 45
23	1 46	13 26	12 43	0 23	2 52	3 22	0 55	21 39	21 32	0 08	22 43
25	1 45	12 00	11 16	0 16	3 53	4 24	0 56	21 24	21 17	0 08	22 41
27	1 41	10 31	9 45	0 09	4 55	5 25	0 57	21 10	21 02	0 08	22 39
29	1 35	8 59	8 N 13	0 N 02	5 56	6 S 26	0 58	20 54	20 N 46	0 07	22 37
31	1 N28	7 N26		0 S 05	6 S 56		1 N 00	20 N38		0 S 07	22 N35

FIRST QUARTER–Aug.14,10h.56m. (21°♏49′)

FULL MOON – Aug.21,01h.45m. (28°♒11′)

D	☿	♀	♂	♃	♄	♅	♆	♇	Lunar Aspects								
M	Long.	Long.	Long.	Long.	Long.	Long.	Long.	Long.	☉	☿	♀	♂	♃	♄	♅	♆	♇
	° ′	° ′	° ′	° ′	° ′	° ′	° ′	° ′									
1	20♋01	11♍58	12♋41	8♋05	5♏18	12♈26	4♓38	9♑34	⚹	∠	□	⊻	⊻		⚹	□	
2	21 12	13 09	13 21	8 18	5 20	12R 25	4R 37	9R 33	∠	⊻				⚼			
3	22 28	14 21	14 00	8 30	5 23	12 25	4 35	9 31					☌	△		△	☍
4	23 49	15 33	14 40	8 43	5 25	12 24	4 34	9 30	⊻		⚹	☌			□	⚼	
5	25 14	16 44	15 20	8 55	5 28	12 23	4 32	9 29		☌	∠						
6	26 45	17 56	15 59	9 08	5 31	12 22	4 31	9 28	☌				⊻	□	△		
7	28 20	19 07	16 39	9 20	5 34	12 21	4 29	9 27			⊻	⊻	∠		⚼		⚼
8	29♋59	20 19	17 18	9 32	5 36	12 20	4 28	9 26		⊻		∠	⚹	⚹		☍	△
9	1♌42	21 30	17 57	9 45	5 39	12 19	4 26	9 24	⊻	∠	☌	⚹		∠			
10	3 29	22 42	18 37	9 57	5 43	12 18	4 25	9 23	∠	⚹				⊻			
11	5 18	23 53	19 16	10 09	5 46	12 17	4 23	9 22					□		☍		□
12	7 11	25 05	19 55	10 21	5 49	12 16	4 22	9 21	⚹		⊻	□				⚼	
13	9 06	26 16	20 34	10 33	5 52	12 14	4 20	9 20		□	∠		△	☌		△	⚹
14	11 03	27 27	21 13	10 45	5 56	12 13	4 18	9 19	□		⚹	△	⚼		⚼		∠
15	13 01	28 38	21 52	10 57	5 59	12 12	4 17	9 18				⚼		⊻	△	□	⊻
16	15 01	29♍49	22 31	11 08	6 03	12 11	4 15	9 17	△	△				∠			
17	17 01	1♎00	23 10	11 20	6 07	12 09	4 14	9 16	⚼	⚼	□		☍	⚹	□	⚹	☌
18	19 03	2 11	23 49	11 32	6 10	12 08	4 12	9 15				☍				∠	
19	21 04	3 22	24 28	11 43	6 14	12 06	4 10	9 14			△			□	⚹	⊻	⊻
20	23 05	4 33	25 07	11 54	6 18	12 05	4 09	9 14		☍	⚼		⚼		∠		∠
21	25 06	5 44	25 46	12 06	6 22	12 03	4 07	9 13	☍			⚼		△		☌	⚹
22	27 07	6 55	26 24	12 17	6 26	12 02	4 05	9 12					△	⚼	⊻		
23	29♌07	8 05	27 03	12 28	6 31	12 00	4 04	9 11			☍	△				⊻	□
24	1♍06	9 16	27 42	12 39	6 35	11 58	4 02	9 10	⚼	⚼			□		☌	∠	
25	3 05	10 27	28 20	12 50	6 39	11 57	4 00	9 09	△	△		□				⚹	
26	5 02	11 37	28 59	13 01	6 43	11 55	3 59	9 09					⚹	☍	⊻		△
27	6 58	12 48	29♋37	13 12	6 48	11 53	3 57	9 08			⚼	⚹	∠		∠		⚼
28	8 54	13 58	0♌16	13 23	6 52	11 52	3 56	9 07	□	□					⚹	□	
29	10 47	15 08	0 54	13 34	6 57	11 50	3 54	9 07			△	∠	⊻	⚼			
30	12 40	16 19	1 33	13 44	7 02	11 48	3 52	9 06				⊻				△	
31	14♍32	17♎29	2♌11	13♋55	7♏07	11♈46	3♓51	9♑05	⚹	⚹			☌	△	□		☍

D	Saturn		Uranus		Neptune		Pluto	
M	Lat.	Dec.	Lat.	Dec.	Lat.	Dec.	Lat.	Dec.
	° ′	° ′	° ′	° ′	° ′	° ′	° ′	° ′
1	2N22	11S03	0S43	4N15	0S41	10S27	3N10	19S56
3	2 22	11 05	0 43	4 15	0 41	10 28	3 09	19 57
5	2 21	11 07	0 43	4 14	0 41	10 29	3 09	19 57
7	2 21	11 10	0 43	4 13	0 41	10 30	3 09	19 58
9	2 20	11 12	0 43	4 12	0 41	10 31	3 09	19 58
11	2 20	11 15	0 43	4 12	0 41	10 32	3 08	19 59
13	2 19	11 17	0 43	4 11	0 41	10 33	3 08	19 59
15	2 19	11 20	0 43	4 10	0 41	10 35	3 08	20 00
17	2 18	11 23	0 43	4 08	0 41	10 36	3 07	20 00
19	2 18	11 26	0 43	4 07	0 41	10 37	3 07	20 00
21	2 17	11 29	0 43	4 06	0 41	10 38	3 06	20 01
23	2 17	11 32	0 43	4 05	0 41	10 39	3 06	20 01
25	2 16	11 35	0 43	4 03	0 41	10 41	3 06	20 02
27	2 16	11 39	0 43	4 02	0 41	10 42	3 05	20 02
29	2 15	11 42	0 43	4 01	0 41	10 43	3 05	20 03
31	2N15	11S45	0S43	3N59	0S41	10S44	3N05	20S03

Mutual Aspects

1 ☉∇♇. ☿⚼♆. ♀∇♅. ♂□♅.
2 ♀⚹♂. 4 ☉△♅.
7 ☉⊥♃. ☉±♇. ☿±♆. ♃☍♇.
8 ♀∠♄.
9 ♀Q♃. ♀‖♅.
10 ☿#♇. ♂‖♃.
11 ☿□♄. ☿∇♆. ♂⚼♆.
12 ☉⊻♂. 13 ☿∇♇.
14 ☿⊻♃.
15 ☿△♅.
16 ☉⊥♀. ☉Q♄. ☿∠♀. ☿±♇. ♀⊥♄.
17 ☉⚼♇. ☿⊥♃.
19 ☉∠♃. ☉⚼♅.
20 ♀∇♆.
21 ☿⊻♂. ☿Q♄. ☿⚼♇. ♃□♅.
22 ☿∠♃. ☿⚼♅. ♀⊻♄. ☉#♄.
24 ☉☌☿. ♀□♇.
25 ☿☍♆. ♀Q♂. ♀±♆. ♂±♆. ☉#♆. ♀#♅.
26 ☿⊥♂. ☿±♅. ♀☍♅. ☿#♄.
27 ☉☍♆. ☿⊥♀. ☿⚹♄. ♀□♃. ☿#♆.
28 ☿△♇. ☉‖☿.
29 ☉±♅.
30 ☉⚹♄. ☿∇♅.
31 ☉⊥♂. ☿⚹♃. ☿#♀.

LAST QUARTER – Aug.28,09h.35m. (5°♊15′)

NEW MOON – Sep. 5,11h.36m. (13°♍04′)

D M	D W	Sidereal Time	☉ Long.	☉ Dec.	☽ Long.	☽ Lat.	☽ Dec.	☽ Node	24h. ☽ Long.	24h. ☽ Dec.
		h m s	° ′ ″	° ′	° ′ ″	° ′	° ′	° ′	° ′ ″	° ′
1	Su	10 43 15	9 ♍ 12 45	8 N07	23 ♋ 59 25	4 S 53	16 N30	10 ♏ 42	29 ♋ 59 40	15 N16
2	M	10 47 12	10 10 51	7 45	6 ♌ 02 13	5 04	13 51	10 39	12 ♌ 07 19	12 17
3	T	10 51 08	11 08 59	7 23	18 15 11	5 01	10 35	10 36	24 26 01	8 45
4	W	10 55 05	12 07 08	7 01	0 ♍ 39 54	4 44	6 49	10 32	6 ♍ 56 53	4 47
5	Th	10 59 01	13 05 19	6 39	13 17 00	4 13	2 N41	10 29	19 40 14	0 N32
6	F	11 02 58	14 03 32	6 16	26 06 32	3 28	1 S 38	10 26	2 ♎ 35 50	3 S 49
7	S	11 06 54	15 01 46	5 54	9 ♎ 08 05	2 32	5 57	10 23	15 43 13	8 03
8	Su	11 10 51	16 00 02	5 31	22 21 09	1 27	10 03	10 20	29 01 53	11 57
9	M	11 14 47	16 58 20	5 09	5 ♏ 45 24	0 S 17	13 42	10 17	12 ♏ 31 40	15 17
10	T	11 18 44	17 56 40	4 46	19 20 43	0 N56	16 40	10 13	26 12 34	17 48
11	W	11 22 41	18 55 00	4 23	3 ♐ 07 14	2 07	18 42	10 10	10 ♐ 04 44	19 19
12	Th	11 26 37	19 53 23	4 00	17 05 01	3 11	19 38	10 07	24 08 03	19 39
13	F	11 30 34	20 51 47	3 37	1 ♑ 13 41	4 05	19 21	10 04	8 ♑ 21 42	18 45
14	S	11 34 30	21 50 13	3 14	15 31 50	4 43	17 50	10 01	22 43 42	16 39
15	Su	11 38 27	22 48 40	2 51	29 56 49	5 05	15 11	9 57	7 ♒ 10 38	13 30
16	M	11 42 23	23 47 08	2 28	14 ♒ 24 29	5 07	11 36	9 54	21 37 41	9 33
17	T	11 46 20	24 45 39	2 05	28 49 28	4 49	7 21	9 51	5 ♓ 59 07	5 04
18	W	11 50 16	25 44 11	1 42	13 ♓ 05 53	4 14	2 S 43	9 48	20 09 06	0 S 22
19	Th	11 54 13	26 42 45	1 18	27 08 08	3 24	1 N59	9 45	4 ♈ 02 31	4 N17
20	F	11 58 09	27 41 21	0 55	10 ♈ 51 49	2 23	6 29	9 42	17 35 46	8 36
21	S	12 02 06	28 39 58	0 32	24 14 14	1 15	10 34	9 38	0 ♉ 47 10	12 22
22	Su	12 06 03	29 ♍ 38 38	0 N08	7 ♉ 14 40	0 N05	14 01	9 35	13 36 55	15 27
23	M	12 09 59	0 ♎ 37 20	0 S 15	19 54 15	1 S 03	16 42	9 32	26 07 00	17 43
24	T	12 13 56	1 36 05	0 38	2 ♊ 15 39	2 07	18 32	9 29	8 ♊ 20 41	19 07
25	W	12 17 52	2 34 51	1 02	14 22 41	3 04	19 28	9 26	20 22 12	19 36
26	Th	12 21 49	3 33 40	1 25	26 19 53	3 53	19 30	9 23	2 ♋ 16 19	19 12
27	F	12 25 45	4 32 31	1 48	8 ♋ 12 08	4 31	18 41	9 19	14 07 58	17 57
28	S	12 29 42	5 31 25	2 12	20 04 26	4 57	17 02	9 16	26 02 05	15 56
29	Su	12 33 38	6 30 20	2 35	2 ♌ 01 29	5 11	14 39	9 13	8 ♌ 03 09	13 13
30	M	12 37 35	7 ♎ 29 18	2 S 58	14 ♌ 07 32	5 S 11	11 N37	9 ♏ 10	20 ♌ 15 05	9 N54

D M	Mercury Lat.	Mercury Dec.		Venus Lat.	Venus Dec.		Mars Lat.	Mars Dec.		Jupiter Lat.	Jupiter Dec.
	° ′	° ′	° ′	° ′	° ′	° ′	° ′	° ′	° ′	° ′	° ′
1	1 N23	6 N39	5 N 52	0 S 09	7 S 27	7 S 57	1 N 00	20 N30	20 N 22	0 S 07	22 N34
3	1 13	5 05	4 18	0 16	8 26	8 56	1 01	20 13	20 05	0 07	22 32
5	1 02	3 31	2 45	0 24	9 26	9 55	1 02	19 56	19 47	0 07	22 30
7	0 50	1 58	1 N 12	0 32	10 24	10 53	1 03	19 38	19 29	0 07	22 28
9	0 37	0 N26	0 S 20	0 40	11 22	11 50	1 05	19 20	19 11	0 06	22 26
11	0 23	1 S 06	1 51	0 47	12 19	12 47	1 06	19 01	18 52	0 06	22 24
13	0 N09	2 35	3 20	0 56	13 14	13 42	1 07	18 42	18 32	0 06	22 22
15	0 S 06	4 03	4 47	1 04	14 09	14 36	1 08	18 22	18 12	0 06	22 20
17	0 21	5 30	6 12	1 12	15 02	15 29	1 09	18 02	17 52	0 06	22 18
19	0 37	6 54	7 35	1 20	15 55	16 20	1 10	17 42	17 31	0 06	22 17
21	0 52	8 15	8 55	1 28	16 45	17 10	1 11	17 21	17 10	0 05	22 15
23	1 07	9 34	10 13	1 36	17 35	17 59	1 12	17 00	16 49	0 05	22 13
25	1 23	10 50	11 27	1 44	18 23	18 46	1 13	16 38	16 27	0 05	22 11
27	1 37	12 04	12 39	1 53	19 09	19 31	1 14	16 16	16 05	0 05	22 09
29	1 52	13 13	13 S 47	2 01	19 53	20 S 15	1 16	15 54	15 N 43	0 05	22 08
31	2 S 06	14 S 20		2 S 08	20 S 36		1 N 17	15 N31		0 S 04	22 N06

FIRST QUARTER – Sep.12,17h.08m. (20°♐06′)

FULL MOON – Sep.19,11h.13m. (26° ♓ 41′)

EPHEMERIS]				SEPTEMBER 2013					19
D M	☿ Long.	♀ Long.	♂ Long.	♃ Long.	♄ Long.	♅ Long.	♆ Long.	♇ Long.	
	° ′	° ′	° ′	° ′	° ′	° ′	° ′	° ′	
1	16♍22	18♎39	2♌49	14♋05	7♏11	11♈44	3♓49	9♑05	
2	18 11	19 49	3 27	14 15	7 16	11R 42	3R 47	9R 04	
3	19 59	20 59	4 06	14 26	7 21	11 40	3 46	9 04	
4	21 46	22 09	4 44	14 36	7 26	11 38	3 44	9 03	
5	23 31	23 19	5 22	14 46	7 31	11 36	3 42	9 03	
6	25 15	24 29	6 00	14 56	7 36	11 34	3 41	9 02	
7	26 58	25 38	6 38	15 05	7 42	11 32	3 39	9 02	
8	28♍40	26 48	7 16	15 15	7 47	11 30	3 38	9 02	
9	0♎20	27 58	7 54	15 25	7 52	11 28	3 36	9 01	
10	2 00	29♎07	8 31	15 34	7 58	11 26	3 34	9 01	
11	3 38	0♏17	9 09	15 43	8 03	11 24	3 33	9 01	
12	5 15	1 26	9 47	15 53	8 09	11 21	3 31	9 00	
13	6 52	2 35	10 24	16 02	8 14	11 19	3 30	9 00	
14	8 27	3 44	11 02	16 11	8 20	11 17	3 28	9 00	
15	10 01	4 53	11 40	16 20	8 26	11 15	3 27	9 00	
16	11 33	6 02	12 17	16 28	8 31	11 12	3 25	9 00	
17	13 05	7 11	12 55	16 37	8 37	11 10	3 24	9 00	
18	14 36	8 20	13 32	16 45	8 43	11 08	3 22	8 59	
19	16 06	9 28	14 09	16 54	8 49	11 05	3 21	8 59	
20	17 34	10 37	14 47	17 02	8 55	11 03	3 19	8 59	
21	19 02	11 45	15 24	17 10	9 01	11 01	3 18	8D 59	
22	20 28	12 54	16 01	17 18	9 07	10 58	3 16	8 59	
23	21 54	14 02	16 38	17 26	9 13	10 56	3 15	9 00	
24	23 18	15 10	17 15	17 34	9 19	10 54	3 13	9 00	
25	24 41	16 18	17 52	17 41	9 26	10 51	3 12	9 00	
26	26 03	17 26	18 29	17 49	9 32	10 49	3 11	9 00	
27	27 24	18 34	19 06	17 56	9 38	10 47	3 09	9 00	
28	28♎43	19 41	19 43	18 03	9 44	10 44	3 08	9 00	
29	0♏01	20 49	20 20	18 10	9 51	10 42	3 07	9 01	
30	1♏18	21♏56	20♌57	18♋17	9♏57	10♈39	3♓05	9♑01	

Lunar Aspects

D	☉	☿	♀	♂	♃	♄	♅	♆	♇
1	∠		□					⚻	
2	⊻	∠		☌		□	△		
3		⊻	✱		⊻				⚻
4				⊻	∠		⚻	☍	
5	☌		∠		✱	✱			△
6		☌	⊻	∠		∠			
7	⊻			✱	□	⊻	☍		□
8			●					⚻	
9	∠	⊻		□		☌		△	✱
10	✱	∠			△				∠
11		✱	⊻	△	⚻	⊻	⚻	□	⊻
12	□		∠			∠	△		
13		□	✱	⚻		✱		✱	
14	△				☍		□	∠	☌
15			□					⊻	
16	⚻	△		☍		□	✱		⊻
17		⚻			⚻		∠	☌	∠
18			△		△	△	⊻		✱
19	☍		⚻	⚻		⚻		⊻	
20				△	□		☌		□
21		☍						∠	
22			☍			☍	⊻	✱	△
23	⚻			□	✱		∠		⚻
24	△				∠			□	
25		⚻		✱	⊻		✱		
26		△				⚻			
27	□		⚻	∠		△	□	△	☍
28			△	⊻	☌			⚻	
29	✱	□							
30					⊻	□	△		

D M	Saturn Lat.	Saturn Dec.	Uranus Lat.	Uranus Dec.	Neptune Lat.	Neptune Dec.	Pluto Lat.	Pluto Dec.
	° ′	° ′	° ′	° ′	° ′	° ′	° ′	° ′
1	2N15	11S47	0S43	3N58	0S41	10S45	3N04	20S03
3	2 14	11 51	0 43	3 57	0 41	10 46	3 04	20 04
5	2 14	11 54	0 44	3 55	0 41	10 47	3 04	20 04
7	2 14	11 58	0 44	3 54	0 41	10 48	3 03	20 05
9	2 13	12 02	0 44	3 52	0 41	10 50	3 03	20 05
11	2 13	12 06	0 44	3 50	0 41	10 51	3 03	20 06
13	2 12	12 10	0 44	3 48	0 41	10 52	3 02	20 06
15	2 12	12 14	0 44	3 47	0 41	10 53	3 02	20 06
17	2 12	12 18	0 44	3 45	0 41	10 54	3 01	20 07
19	2 11	12 22	0 44	3 43	0 41	10 55	3 01	20 07
21	2 11	12 26	0 44	3 41	0 41	10 56	3 01	20 08
23	2 11	12 30	0 44	3 39	0 41	10 57	3 00	20 08
25	2 11	12 34	0 44	3 38	0 41	10 58	3 00	20 08
27	2 10	12 38	0 44	3 36	0 41	10 59	2 59	20 09
29	2 10	12 42	0 44	3 34	0 41	11 00	2 59	20 09
31	2N10	12S47	0S44	3N32	0S41	11S01	2N59	20S09

Mutual Aspects

1 ☉△♇. ♀⚻♆.
2 ☿∠♂. ☉#♀.
3 ♂∇♆.
4 ☉∇♅. ☿∠♄. ☿∥♅. ♂#♇.
5 ☿⊻♀.
7 ☉✱♃. ☿Q♃.
8 ♀Q♇. ♀∥♆.
9 ♂□♄. 10 ☿⊥♄.
11 ☿∇♆. ♂∇♇. ♀∥♄.
12 ☉∥♅.
14 ☿⊻♄. ☿□♇. ♀△♆. ♂△♅. ☉#☿.
15 ☿±♆. ☿#♅.
16 ☉∠♄. ☿☍♅.
17 ☿✱♂. 18 ♀☌♄.
19 ♀✱♇.
20 ☿□♃. ♀∇♅. ♂±♇. ♇Stat.
21 ☿⚻♆. ♄✱♇.
22 ☉Q♃. ♀#♂.
25 ♀±♅. ♂⊻♃. ☿∥♆.
26 ☉∠♂. ☉⊥♄. ☉∇♆. ♀△♃.
27 ☿Q♇.
28 ♀□♂. ☿∥♄.
29 ♃⚻♆. 30 ♀∥♇.

LAST QUARTER – Sep.27,03h.55m. (4° ♋ 13′)

NEW MOON–Oct. 5,00h.34m. (11°♎56′)

D M	D W	Sidereal Time	☉ Long.	☉ Dec.	☽ Long.	☽ Lat.	☽ Dec.	☽ Node	24h. ☽ Long.	24h. ☽ Dec.
		h m s	° ′ ″	° ′	° ′ ″	° ′	° ′	° ′	° ′ ″	° ′
1	T	12 41 32	8♎28 18	3 S 22	26♌26 09	4 S 57	8 N03	9♏07	2♍41 00	6 N05
2	W	12 45 28	9 27 20	3 45	8♍59 53	4 28	4 N03	9 03	15 22 56	1 N56
3	Th	12 49 25	10 26 24	4 08	21 50 13	3 46	0 S13	9 00	28 21 46	2 S24
4	F	12 53 21	11 25 31	4 31	4♎57 29	2 51	4 35	8 57	11♎37 14	6 44
5	S	12 57 18	12 24 39	4 54	18 20 51	1 45	8 49	8 54	25 08 03	10 48
6	Su	13 01 14	13 23 50	5 17	1♏58 35	0 S 32	12 40	8 51	8♏52 07	14 22
7	M	13 05 11	14 23 02	5 40	15 48 20	0 N44	15 52	8 48	22 46 53	17 09
8	T	13 09 07	15 22 17	6 03	29 47 27	1 58	18 11	8 44	6♐49 42	18 56
9	W	13 13 04	16 21 33	6 26	13♐53 19	3 06	19 23	8 41	20 57 59	19 32
10	Th	13 17 01	17 20 51	6 49	28 03 25	4 03	19 23	8 38	5♑09 22	18 55
11	F	13 20 57	18 20 11	7 11	12♑15 31	4 45	18 09	8 35	19 21 38	17 06
12	S	13 24 54	19 19 33	7 34	26 27 25	5 09	15 48	8 32	3♒32 37	14 15
13	Su	13 28 50	20 18 56	7 56	10♒36 56	5 15	12 31	8 29	17 40 04	10 36
14	M	13 32 47	21 18 21	8 19	24 41 42	5 02	8 32	8 25	1♓41 32	6 22
15	T	13 36 43	22 17 48	8 41	8♓39 12	4 31	4 S08	8 22	15 34 25	1 S51
16	W	13 40 40	23 17 16	9 03	22 26 50	3 45	0 N27	8 19	29 16 08	2 N43
17	Th	13 44 36	24 16 47	9 25	6♈02 05	2 46	4 57	8 16	12♈44 23	7 05
18	F	13 48 33	25 16 19	9 47	19 22 52	1 40	9 07	8 13	25 57 21	11 02
19	S	13 52 30	26 15 53	10 08	2♉27 46	0 N29	12 47	8 09	8♉54 04	14 22
20	Su	13 56 26	27 15 30	10 30	15 16 16	0 S 42	15 45	8 06	21 34 28	16 56
21	M	14 00 23	28 15 08	10 51	27 48 50	1 49	17 54	8 03	3♊59 34	18 38
22	T	14 04 19	29♎14 49	11 12	10♊06 57	2 50	19 09	8 00	16 11 20	19 27
23	W	14 08 16	0♏14 32	11 33	22 13 05	3 43	19 30	7 57	28 12 39	19 21
24	Th	14 12 12	1 14 17	11 54	4♋10 29	4 25	18 58	7 54	10♋07 08	18 23
25	F	14 16 09	2 14 04	12 15	16 03 06	4 55	17 35	7 50	21 58 58	16 37
26	S	14 20 05	3 13 53	12 35	27 55 18	5 13	15 28	7 47	3♌52 43	14 09
27	Su	14 24 02	4 13 45	12 56	9♌51 46	5 17	12 41	7 44	15 53 04	11 04
28	M	14 27 59	5 13 39	13 16	21 57 11	5 08	9 20	7 41	28 04 38	7 29
29	T	14 31 55	6 13 35	13 36	4♍15 57	4 44	5 32	7 38	10♍31 36	3 N30
30	W	14 35 52	7 13 33	13 55	16 51 59	4 07	1 N24	7 35	23 17 26	0 S45
31	Th	14 39 48	8♏13 33	14 S 15	29♍48 12	3 S 16	2 S55	7♏31	6♎24 28	5 S05

D M	Mercury Lat.	Mercury Dec.		Venus Lat.	Venus Dec.		Mars Lat.	Mars Dec.		Jupiter Lat.	Jupiter Dec.
	° ′	° ′	° ′	° ′	° ′	° ′	° ′	° ′	° ′	° ′	° ′
1	2 S06	14 S20	14 S 52	2 S 08	20 S36	20 S 57	1 N 17	15 N31	15 N 20	0 S 04	22 N06
3	2 19	15 22	15 52	2 16	21 17	21 37	1 18	15 09	14 57	0 04	22 04
5	2 32	16 21	16 48	2 24	21 56	22 15	1 19	14 46	14 34	0 04	22 03
7	2 44	17 14	17 39	2 31	22 33	22 51	1 20	14 22	14 10	0 04	22 02
9	2 54	18 03	18 25	2 38	23 08	23 24	1 21	13 59	13 47	0 04	22 00
11	3 02	18 45	19 04	2 45	23 41	23 56	1 22	13 35	13 23	0 03	21 59
13	3 09	19 21	19 37	2 52	24 11	24 25	1 23	13 11	12 59	0 03	21 58
15	3 13	19 50	20 01	2 59	24 39	24 52	1 24	12 47	12 34	0 03	21 57
17	3 15	20 09	20 15	3 05	25 05	25 17	1 25	12 22	12 10	0 03	21 56
19	3 12	20 19	20 19	3 11	25 29	25 39	1 26	11 58	11 45	0 02	21 55
21	3 05	20 16	20 10	3 16	25 50	25 59	1 28	11 33	11 21	0 02	21 54
23	2 53	19 59	19 45	3 21	26 08	26 17	1 29	11 08	10 56	0 02	21 53
25	2 34	19 27	19 04	3 26	26 24	26 32	1 30	10 43	10 31	0 02	21 53
27	2 09	18 37	18 05	3 30	26 38	26 44	1 31	10 18	10 06	0 02	21 52
29	1 36	17 30	16 S 51	3 34	26 49	26 S 54	1 32	9 53	9 N 41	0 01	21 52
31	0 S59	16 S09		3 S 37	26 S58		1 N 33	9 N28		0 S 01	21 N52

FIRST QUARTER–Oct.11,23h.02m. (18°♑47′)

FULL MOON – Oct.18,23h.38m. (25°♈45′)

D M	☿ Long.	♀ Long.	♂ Long.	♃ Long.	♄ Long.	♅ Long.	♆ Long.	♇ Long.	☉	☿	♀	♂	♃	♄	♅	♆	♇
	° ′	° ′	° ′	° ′	° ′	° ′	° ′	° ′	Lunar Aspects								
1	2♏33	23♏03	21♌33	18♋23	10♏04	10♈37	3♓04	9♑01	∠		□	☌			⚼		⚼
2	3 47	24 10	22 10	18 30	10 10	10R 34	3R 03	9 02	⚺	✱			∠	✱		☍	△
3	5 00	25 17	22 47	18 36	10 17	10 32	3 02	9 02		∠	✱	⚺	✱	∠			
4	6 10	26 24	23 23	18 43	10 23	10 30	3 00	9 02		⚺		∠		⚺	☍		□
5	7 19	27 31	24 00	18 49	10 30	10 27	2 59	9 03	☌		∠	✱	□			⚼	
6	8 26	28 37	24 36	18 55	10 37	10 25	2 58	9 03			⚺					△	
7	9 30	29♏44	25 13	19 00	10 43	10 22	2 57	9 04	⚺	☌			△	☌			✱
8	10 33	0♐50	25 49	19 06	10 50	10 20	2 56	9 04	∠		☌	□	⚼		⚼	□	∠
9	11 33	1 56	26 25	19 11	10 57	10 18	2 55	9 05	✱	⚺				⚺	△		⚺
10	12 30	3 02	27 01	19 17	11 04	10 15	2 54	9 05		∠	⚺	△		∠		✱	
11	13 24	4 07	27 37	19 22	11 10	10 13	2 53	9 06	□	✱		⚼		✱	□	∠	☌
12	14 15	5 13	28 14	19 27	11 17	10 10	2 52	9 07			∠		☍			⚺	
13	15 02	6 18	28 50	19 31	11 24	10 08	2 51	9 07		□	✱			□	✱		⚺
14	15 46	7 23	29♌26	19 36	11 31	10 06	2 50	9 08	△			☍			∠		∠
15	16 25	8 28	0♍01	19 40	11 38	10 03	2 49	9 09	⚼		□		⚼	△	⚺	☌	✱
16	16 59	9 33	0 37	19 45	11 45	10 01	2 48	9 10		△			△	⚼			
17	17 29	10 37	1 13	19 49	11 52	9 59	2 47	9 11		⚼	△				☌	⚺	□
18	17 52	11 41	1 49	19 53	11 59	9 56	2 46	9 11	☍			⚼	□			∠	
19	18 10	12 45	2 24	19 56	12 06	9 54	2 45	9 12			⚼	△				✱	
20	18 20	13 49	3 00	20 00	12 13	9 52	2 44	9 13		☍			✱	☍	⚺		△
21	18R 24	14 53	3 35	20 03	12 20	9 49	2 44	9 14				□			∠	□	⚼
22	18 19	15 56	4 11	20 06	12 27	9 47	2 43	9 15	⚼				∠		✱		
23	18 06	16 59	4 46	20 09	12 34	9 45	2 42	9 16			☍		⚺	⚼			
24	17 45	18 01	5 21	20 12	12 41	9 43	2 42	9 17	△	⚼		✱			□	△	☍
25	17 14	19 04	5 57	20 15	12 48	9 41	2 41	9 18		△		∠	☌	△		⚼	
26	16 35	20 06	6 32	20 17	12 55	9 38	2 40	9 19	□								
27	15 46	21 08	7 07	20 19	13 02	9 36	2 40	9 20		□	⚼	⚺		□	△		
28	14 49	22 09	7 42	20 21	13 10	9 34	2 39	9 21			△		⚺		⚼		⚼
29	13 45	23 10	8 17	20 23	13 17	9 32	2 39	9 22	✱			☌	∠			☍	△
30	12 34	24 11	8 52	20 25	13 24	9 30	2 38	9 24	∠	✱			✱	✱			
31	11♏19	25♐11	9♍26	20♋26	13♏31	9♈28	2♓38	9♑25		∠	□			∠			

D M	Saturn Lat.	Saturn Dec.	Uranus Lat.	Uranus Dec.	Neptune Lat.	Neptune Dec.	Pluto Lat.	Pluto Dec.
	° ′	° ′	° ′	° ′	° ′	° ′	° ′	° ′
1	2N10	12S47	0S44	3N32	0S41	11S01	2N59	20S09
3	2 09	12 51	0 44	3 30	0 41	11 02	2 58	20 10
5	2 09	12 55	0 44	3 28	0 41	11 03	2 58	20 10
7	2 09	13 00	0 44	3 26	0 41	11 04	2 58	20 10
9	2 09	13 04	0 44	3 24	0 41	11 05	2 57	20 11
11	2 09	13 08	0 44	3 22	0 41	11 05	2 57	20 11
13	2 08	13 13	0 44	3 21	0 41	11 06	2 56	20 11
15	2 08	13 17	0 44	3 19	0 41	11 07	2 56	20 12
17	2 08	13 22	0 44	3 17	0 41	11 07	2 56	20 12
19	2 08	13 26	0 44	3 15	0 41	11 08	2 55	20 12
21	2 08	13 30	0 43	3 13	0 41	11 08	2 55	20 12
23	2 08	13 35	0 43	3 12	0 41	11 09	2 55	20 13
25	2 08	13 39	0 43	3 10	0 41	11 09	2 54	20 13
27	2 07	13 44	0 43	3 08	0 41	11 10	2 54	20 13
29	2 07	13 48	0 43	3 07	0 41	11 10	2 53	20 13
31	2N07	13S52	0S43	3N05	0S41	11S10	2N53	20S13

Mutual Aspects

1 ☿△♆. ☉∥♅.
2 ☉±♆. ☉□♇. ♀∠♇.
3 ☉⚺♄. ☉☍♅. ☿Q♂. ♀⚼♅. ☿∥♂.
4 ☉∠♀.
5 ♂⚼♇. ♄∇♅. ♀∥♃.
7 ☿✱♇. ♂⊥♃. ♂⚼♅.
8 ☿☌♄. ☿∇♅.
10 ♀□♆. ♀⊥♇.
11 ☉⚼♆. ♀⚼♃.
12 ☉□♃.   13 ♂∥♄.
14 ☿±♅. ♂Q♄.
16 ♀△♅. ♀⚺♇.
17 ☿∥♇.   18 ♀⚺♄.
20 ☉Q♇. ♀±♃. ♂☍♆.
21 ♂±♅. ☿Stat.
22 ☉∥♂. ☉∥♆. ☿∥♇.
23 ♂∥♆.
24 ☿⚺♀. ☿Q♂. ♂∠♃.
25 ☉△♆. ♀⊥♄.
26 ♀∇♃.
27 ☿⊥♀. ☿±♅. ♀Q♆.
29 ☿☌♄.   30 ☉∥♄.
31 ☿∠♀. ♂∇♅. ♂△♇.

LAST QUARTER – Oct.26,23h.40m. (3°♌43′)

NEW MOON – Nov. 3,12h.50m. (11°♏16′)

D M	D W	Sidereal Time	☉ Long.	☉ Dec.	☽ Long.	☽ Lat.	☽ Dec.	☽ Node	24h. ☽ Long.	24h. ☽ Dec.
		h m s	° ′ ″	° ′	° ′ ″	° ′	° ′	° ′	° ′ ″	° ′
1	F	14 43 45	9 ♏ 13 35	14 S 34	13 ♎ 06 17	2 S 13	7 S 13	7 ♏ 28	19 ♎ 53 36	9 S 17
2	S	14 47 41	10 13 39	14 53	26 46 16	1 S 01	11 16	7 25	3 ♏ 44 00	13 07
3	Su	14 51 38	11 13 46	15 12	10 ♏ 46 23	0 N 17	14 47	7 22	17 52 57	16 16
4	M	14 55 34	12 13 54	15 30	25 03 05	1 34	17 30	7 19	2 ♐ 16 08	18 27
5	T	14 59 31	13 14 04	15 49	9 ♐ 31 22	2 47	19 07	7 15	16 48 02	19 28
6	W	15 03 28	14 14 15	16 07	24 05 23	3 50	19 29	7 12	1 ♑ 22 40	19 10
7	Th	15 07 24	15 14 29	16 24	8 ♑ 39 11	4 37	18 33	7 09	15 54 18	17 37
8	F	15 11 21	16 14 43	16 42	23 07 26	5 07	16 25	7 06	0 ♒ 18 08	14 58
9	S	15 15 17	17 15 00	16 59	7 ♒ 25 58	5 17	13 18	7 03	14 30 40	11 27
10	Su	15 19 14	18 15 17	17 16	21 31 58	5 08	9 28	7 00	28 29 46	7 21
11	M	15 23 10	19 15 36	17 32	5 ♓ 23 56	4 41	5 10	6 56	12 ♓ 14 28	2 S 56
12	T	15 27 07	20 15 56	17 49	19 01 22	3 58	0 S 41	6 53	25 44 40	1 N 33
13	W	15 31 03	21 16 18	18 05	2 ♈ 24 26	3 04	3 N 46	6 50	9 ♈ 00 44	5 55
14	Th	15 35 00	22 16 41	18 20	15 33 40	2 00	7 58	6 47	22 03 18	9 55
15	F	15 38 57	23 17 06	18 35	28 29 43	0 N 51	11 44	6 44	4 ♉ 53 00	13 24
16	S	15 42 53	24 17 32	18 50	11 ♉ 13 14	0 S 19	14 54	6 40	17 30 31	16 12
17	Su	15 46 50	25 18 00	19 05	23 44 55	1 27	17 18	6 37	29 56 34	18 11
18	M	15 50 46	26 18 29	19 19	6 ♊ 05 35	2 30	18 52	6 34	12 ♊ 12 06	19 18
19	T	15 54 43	27 19 00	19 33	18 16 17	3 25	19 31	6 31	24 18 21	19 30
20	W	15 58 39	28 19 32	19 47	0 ♋ 18 31	4 10	19 16	6 28	6 ♋ 17 03	18 49
21	Th	16 02 36	29 ♏ 20 06	20 00	12 14 17	4 44	18 09	6 25	18 10 32	17 18
22	F	16 06 32	0 ♐ 20 42	20 13	24 06 13	5 06	16 16	6 21	0 ♌ 01 45	15 04
23	S	16 10 29	1 21 20	20 26	5 ♌ 57 36	5 14	13 42	6 18	11 54 16	12 12
24	Su	16 14 26	2 21 59	20 38	17 52 18	5 09	10 34	6 15	23 52 14	8 49
25	M	16 18 22	3 22 39	20 50	29 54 39	4 50	6 58	6 12	6 ♍ 00 09	5 02
26	T	16 22 19	4 23 21	21 01	12 ♍ 09 19	4 18	3 N 01	6 09	18 22 45	0 N 57
27	W	16 26 15	5 24 05	21 12	24 40 59	3 34	1 S 09	6 06	1 ♎ 04 35	3 S 17
28	Th	16 30 12	6 24 51	21 23	7 ♎ 33 59	2 37	5 24	6 02	14 09 36	7 30
29	F	16 34 08	7 25 37	21 33	20 51 45	1 30	9 32	5 59	27 40 35	11 29
30	S	16 38 05	8 ♐ 26 26	21 S 43	4 ♏ 36 12	0 S 16	13 S 18	5 ♏ 56	11 ♏ 38 27	14 S 58

D M	Mercury Lat.	Mercury Dec.		Venus Lat.	Venus Dec.		Mars Lat.	Mars Dec.		Jupiter Lat.	Jupiter Dec.
	° ′	° ′	° ′	° ′	° ′	° ′	° ′	° ′	° ′	° ′	° ′
1	0 S 38	15 S 25	14 S 41	3 S 39	27 S 01	27 S 04	1 N 34	9 N 15	9 N 03	0 S 01	21 N 52
3	0 N 03	13 57	13 15	3 41	27 07	27 08	1 35	8 50	8 37	0 S 01	21 52
5	0 42	12 36	12 01	3 43	27 09	27 10	1 36	8 25	8 12	0 00	21 52
7	1 16	11 31	11 06	3 44	27 09	27 09	1 37	8 00	7 47	0 00	21 52
9	1 43	10 47	10 33	3 45	27 07	27 05	1 38	7 34	7 22	0 S 00	21 52
11	2 03	10 25	10 23	3 45	27 03	27 00	1 39	7 09	6 56	0 00	21 53
13	2 15	10 26	10 33	3 44	26 56	26 52	1 40	6 44	6 31	0 N 01	21 53
15	2 21	10 44	10 59	3 42	26 48	26 43	1 42	6 19	6 06	0 01	21 54
17	2 22	11 17	11 37	3 40	26 37	26 31	1 43	5 54	5 41	0 01	21 55
19	2 18	12 00	12 25	3 36	26 24	26 17	1 44	5 29	5 16	0 01	21 56
21	2 12	12 51	13 19	3 32	26 10	26 02	1 45	5 04	4 51	0 02	21 57
23	2 03	13 47	14 16	3 27	25 53	25 45	1 46	4 39	4 27	0 02	21 58
25	1 52	14 46	15 16	3 21	25 35	25 26	1 47	4 14	4 02	0 02	21 59
27	1 40	15 46	16 16	3 13	25 16	25 06	1 49	3 50	3 37	0 02	22 01
29	1 26	16 45	17 S 14	3 05	24 55	24 S 44	1 50	3 25	3 N 13	0 03	22 02
31	1 N 13	17 S 43		2 S 55	24 S 33		1 N 51	3 N 01		0 N 03	22 N 04

FIRST QUARTER – Nov.10,05h.57m. (18°♒00′)

FULL MOON–Nov.17,15h.16m. (25°♉26′)

D M	☿ Long.	♀ Long.	♂ Long.	♃ Long.	♄ Long.	♅ Long.	♆ Long.	♇ Long.
	° ′	° ′	° ′	° ′	° ′	° ′	° ′	° ′
1	10♏01	26♐12	10♍01	20♋27	13♏38	9♈26	2♓37	9♑26
2	8R 44	27 11	10 36	20 28	13 45	9R 24	2R 37	9 27
3	7 29	28 11	11 10	20 29	13 53	9 22	2 37	9 29
4	6 18	29♐09	11 45	20 30	14 00	9 20	2 36	9 30
5	5 15	0♑08	12 19	20 30	14 07	9 18	2 36	9 31
6	4 20	1 06	12 54	20 31	14 14	9 16	2 36	9 33
7	3 36	2 04	13 28	20R 31	14 21	9 14	2 35	9 34
8	3 02	3 01	14 02	20 30	14 29	9 13	2 35	9 35
9	2 40	3 57	14 36	20 30	14 36	9 11	2 35	9 37
10	2 30	4 54	15 10	20 30	14 43	9 09	2 35	9 38
11	2D 32	5 49	15 44	20 29	14 50	9 07	2 35	9 40
12	2 44	6 44	16 18	20 28	14 57	9 06	2 35	9 41
13	3 06	7 39	16 51	20 27	15 05	9 04	2 35	9 43
14	3 37	8 32	17 25	20 25	15 12	9 03	2D 35	9 44
15	4 17	9 25	17 58	20 24	15 19	9 01	2 35	9 46
16	5 05	10 18	18 32	20 22	15 26	8 59	2 35	9 47
17	5 59	11 10	19 05	20 20	15 33	8 58	2 35	9 49
18	6 58	12 01	19 38	20 18	15 40	8 57	2 35	9 51
19	8 03	12 51	20 11	20 16	15 47	8 55	2 35	9 52
20	9 12	13 41	20 44	20 13	15 55	8 54	2 36	9 54
21	10 25	14 30	21 17	20 10	16 02	8 53	2 36	9 56
22	11 42	15 18	21 50	20 07	16 09	8 51	2 36	9 57
23	13 00	16 05	22 23	20 04	16 16	8 50	2 36	9 59
24	14 22	16 51	22 56	20 01	16 23	8 49	2 37	10 01
25	15 45	17 36	23 28	19 57	16 30	8 48	2 37	10 03
26	17 10	18 20	24 00	19 54	16 37	8 47	2 38	10 04
27	18 36	19 04	24 33	19 50	16 44	8 46	2 38	10 06
28	20 03	19 46	25 05	19 46	16 51	8 45	2 38	10 08
29	21 32	20 27	25 37	19 42	16 58	8 44	2 39	10 10
30	23♏01	21♑07	26♍09	19♋37	17♏05	8♈43	2♓40	10♑12

Lunar Aspects

D	☉	☿	♀	♂	♃	♄	♅	♆	♇
1	⚺	⚺		⚺		⚺	☍	⚼	□
2			⚹	∠	□			△	
3	●	●	∠	⚹		☌			⚹
4			⚺		△		⚼		∠
5	⚺	⚺		□	⚼	⚺	△	□	⚺
6	∠	∠				∠			
7	⚹	⚹	☌	△		⚹	□	⚹	☌
8				⚼	☍			∠	
9		□	⚺				⚹	⚺	⚺
10	□		∠			□	∠		∠
11		△	⚹		⚼		⚺	☌	⚹
12	△	⚼		☍	△	△			
13	⚼		□			⚼		⚺	
14					□		☌	∠	□
15		☍		⚼				⚹	
16			△			☍	⚺		△
17	☍		⚼	△	⚹		∠		⚼
18					∠		⚹	□	
19		⚼		□	⚺				
20						⚼		△	
21	⚼	△	☍			△	□	⚼	☍
22				⚹	☌				
23	△			∠			△		
24		□		⚺	⚺	□	⚼		
25	□		⚼		∠			☍	⚼
26		⚹				⚹			△
27			△	☌	⚹				
28	⚹	∠				∠	☍		□
29	∠	⚺	□	⚺	□	⚺		⚼	
30	⚺			∠				△	⚹

D M	Saturn Lat.	Saturn Dec.	Uranus Lat.	Uranus Dec.	Neptune Lat.	Neptune Dec.	Pluto Lat.	Pluto Dec.
	° ′	° ′	° ′	° ′	° ′	° ′	° ′	° ′
1	2N07	13S54	0S43	3N04	0S41	11S11	2N53	20S13
3	2 07	13 59	0 43	3 03	0 41	11 11	2 53	20 14
5	2 07	14 03	0 43	3 01	0 41	11 11	2 52	20 14
7	2 07	14 07	0 43	3 00	0 41	11 11	2 52	20 14
9	2 07	14 12	0 43	2 59	0 41	11 11	2 52	20 14
11	2 07	14 16	0 43	2 57	0 41	11 11	2 51	20 14
13	2 07	14 20	0 43	2 56	0 41	11 11	2 51	20 14
15	2 07	14 24	0 43	2 55	0 41	11 11	2 51	20 14
17	2 07	14 28	0 43	2 54	0 41	11 11	2 50	20 15
19	2 07	14 32	0 43	2 53	0 41	11 11	2 50	20 15
21	2 07	14 36	0 43	2 52	0 41	11 11	2 50	20 15
23	2 07	14 40	0 43	2 51	0 41	11 11	2 49	20 15
25	2 07	14 44	0 43	2 50	0 41	11 10	2 49	20 15
27	2 07	14 48	0 42	2 49	0 41	11 10	2 49	20 15
29	2 07	14 52	0 42	2 49	0 41	11 10	2 48	20 15
31	2N07	14S56	0S42	2N48	0S41	11S09	2N48	20S15

Mutual Aspects

1 ☉☌☿. ☉⚻♅. ☉⚹♇. ☿⚹♂. ☿⚻♅. ☿⚹♇. ♅□♇.
2 ☉∥☿.
3 ☉⚹♂. ☿∥♄.
4 ♀∠♄.
6 ☉☌♄.
7 ☉±♅. ♃Stat.
8 ☿⚹♀. ♀⚹♆. ☿∥♆.
9 ☿△♆. ♂⚹♄.
10 ☿Stat.
11 ☿△♆.
12 ☉△♃.
13 ♄±♅. ♆Stat.
15 ♀□♅. ♀☌♇.
16 ☉⚼♅.
17 ☉∠♇. ☿∥♆.
19 ♂⚹♃.
20 ☿⚻♅.
21 ☿⚹♇.
22 ☉∠♀. ☉∥♇.
23 ♀⚹♄.
24 ☉□♆. ☿±♅.
25 ♀∠♆. ☿∥♄.
26 ☉⚼♃. ☉⊥♇. ☿☌♄.
28 ☿⚹♀. ☿△♃. ♀☍♃.
29 ☉Q♂.
30 ☉△♅. ☿⚼♅.

LAST QUARTER–Nov.25,19h.28m. (3°♍42′)

NEW MOON–Dec. 3,00h.22m. (10°♐59′)

D M	D W	Sidereal Time	☉ Long.	☉ Dec.	☽ Long.	☽ Lat.	☽ Dec.	☽ Node	24h. ☽ Long.	24h. ☽ Dec.
		h m s	° ′ ″	° ′	° ′ ″	° ′	° ′	° ′	° ′ ″	° ′
1	Su	16 42 01	9 ♐ 27 16	21 S 52	18 ♏ 47 04	1 N01	16 S 26	5 ♏ 53	26 ♏ 01 36	17 S 39
2	M	16 45 58	10 28 07	22 01	3 ♐ 21 24	2 16	18 35	5 50	10 ♐ 45 39	19 13
3	T	16 49 55	11 28 59	22 09	18 13 22	3 24	19 32	5 46	25 43 28	19 29
4	W	16 53 51	12 29 53	22 17	3 ♑ 14 48	4 18	19 06	5 43	10 ♑ 46 09	18 22
5	Th	16 57 48	13 30 47	22 25	18 16 20	4 54	17 20	5 40	25 44 17	16 00
6	F	17 01 44	14 31 43	22 32	3 ♒ 08 58	5 10	14 25	5 37	10 ♒ 29 33	12 37
7	S	17 05 41	15 32 39	22 39	17 45 22	5 05	10 39	5 34	24 55 55	8 33
8	Su	17 09 37	16 33 35	22 45	2 ♓ 00 52	4 42	6 22	5 31	9 ♓ 00 05	4 S 07
9	M	17 13 34	17 34 33	22 51	15 53 32	4 02	1 S 50	5 27	22 41 19	0 N26
10	T	17 17 30	18 35 31	22 57	29 23 41	3 10	2 N40	5 24	6 ♈ 00 53	4 51
11	W	17 21 27	19 36 29	23 02	12 ♈ 33 15	2 09	6 56	5 21	19 01 11	8 56
12	Th	17 25 24	20 37 28	23 06	25 25 02	1 N03	10 48	5 18	1 ♉ 45 11	12 32
13	F	17 29 20	21 38 28	23 10	8 ♉ 02 00	0 S 05	14 06	5 15	14 15 51	15 30
14	S	17 33 17	22 39 28	23 14	20 27 01	1 12	16 42	5 12	26 35 48	17 43
15	Su	17 37 13	23 40 29	23 17	2 ♊ 42 27	2 14	18 30	5 08	8 ♊ 47 13	19 05
16	M	17 41 10	24 41 31	23 20	14 50 17	3 09	19 26	5 05	20 51 49	19 34
17	T	17 45 06	25 42 33	23 22	26 52 01	3 55	19 29	5 02	2 ♋ 51 02	19 10
18	W	17 49 03	26 43 36	23 24	8 ♋ 49 00	4 31	18 38	4 59	14 46 08	17 55
19	Th	17 52 59	27 44 39	23 25	20 42 35	4 54	16 59	4 56	26 38 34	15 54
20	F	17 56 56	28 45 44	23 26	2 ♌ 34 19	5 05	14 38	4 52	8 ♌ 30 07	13 13
21	S	18 00 53	29 ♐ 46 48	23 26	14 26 16	5 02	11 40	4 49	20 23 08	10 00
22	Su	18 04 49	0 ♑ 47 54	23 26	26 21 05	4 47	8 14	4 46	2 ♍ 20 36	6 22
23	M	18 08 46	1 49 00	23 25	8 ♍ 22 07	4 18	4 26	4 43	14 26 11	2 N26
24	T	18 12 42	2 50 07	23 24	20 33 21	3 38	0 N24	4 40	26 44 12	1 S 40
25	W	18 16 39	3 51 14	23 23	2 ♎ 59 19	2 46	3 S 44	4 37	9 ♎ 19 18	5 47
26	Th	18 20 35	4 52 22	23 21	15 44 45	1 45	7 49	4 33	22 16 13	9 47
27	F	18 24 32	5 53 31	23 18	28 54 12	0 S 37	11 40	4 30	5 ♏ 39 06	13 25
28	S	18 28 28	6 54 40	23 15	12 ♏ 31 15	0 N36	15 02	4 27	19 30 47	16 27
29	Su	18 32 25	7 55 50	23 12	26 37 43	1 49	17 38	4 24	3 ♐ 51 50	18 34
30	M	18 36 22	8 57 00	23 08	11 ♐ 12 41	2 57	19 12	4 21	18 39 36	19 31
31	T	18 40 18	9 ♑ 58 11	23 S 04	26 ♐ 11 42	3 N54	19 S 28	4 ♏ 18	3 ♑ 47 50	19 S 05

D M	Mercury Lat.	Mercury Dec.	Mercury Dec.	Venus Lat.	Venus Dec.	Venus Dec.	Mars Lat.	Mars Dec.	Mars Dec.	Jupiter Lat.	Jupiter Dec.
	° ′	° ′	° ′	° ′	° ′	° ′	° ′	° ′	° ′	° ′	° ′
1	1 N13	17 S 43	18 S 12	2 S 55	24 S 33	24 S 22	1 N 51	3 N01	2 N 49	0 N 03	22 N04
3	0 58	18 40	19 07	2 44	24 10	23 58	1 52	2 37	2 25	0 03	22 05
5	0 44	19 33	19 59	2 31	23 46	23 34	1 53	2 13	2 01	0 04	22 07
7	0 29	20 24	20 48	2 17	23 21	23 08	1 55	1 50	1 38	0 04	22 09
9	0 15	21 11	21 33	2 02	22 56	22 43	1 56	1 26	1 15	0 04	22 11
11	0 N01	21 54	22 14	1 45	22 30	22 16	1 57	1 03	0 52	0 04	22 13
13	0 S 13	22 33	22 51	1 27	22 03	21 50	1 58	0 40	0 29	0 05	22 15
15	0 26	23 08	23 24	1 07	21 37	21 24	2 00	0 N18	0 N 06	0 05	22 17
17	0 39	23 39	23 52	0 45	21 11	20 57	2 01	0 S 05	0 S 16	0 05	22 19
19	0 52	24 04	24 15	0 S 22	20 44	20 31	2 02	0 27	0 38	0 06	22 21
21	1 03	24 25	24 33	0 N 03	20 18	20 06	2 03	0 48	0 59	0 06	22 23
23	1 14	24 40	24 46	0 30	19 53	19 40	2 05	1 10	1 20	0 06	22 26
25	1 25	24 50	24 53	0 58	19 28	19 16	2 06	1 31	1 41	0 06	22 28
27	1 34	24 55	24 55	1 27	19 04	18 52	2 07	1 51	2 01	0 07	22 30
29	1 42	24 54	24 S 51	1 58	18 41	18 S 29	2 09	2 12	2 S 21	0 07	22 32
31	1 S 50	24 S 47		2 N 29	18 S 18		2 N 10	2 S 31		0 N 07	22 N35

FIRST QUARTER–Dec. 9,15h.12m. (17°♓43′)

FULL MOON – Dec.17,09h.28m. (25° ♊ 36′)

D M	☿ Long.	♀ Long.	♂ Long.	♃ Long.	♄ Long.	♅ Long.	♆ Long.	♇ Long.
	° ′	° ′	° ′	° ′	° ′	° ′	° ′	° ′
1	24 ♏ 31	21 ♑ 46	26 ♍ 41	19 ♋ 33	17 ♏ 11	8 ♈ 42	2 ♓ 40	10 ♑ 14
2	26 02	22 23	27 12	19R 28	17 18	8R 41	2 41	10 15
3	27 33	22 59	27 44	19 23	17 25	8 41	2 41	10 17
4	29 ♏ 04	23 34	28 15	19 18	17 32	8 40	2 42	10 19
5	0 ♐ 36	24 08	28 47	19 12	17 39	8 39	2 43	10 21
6	2 07	24 40	29 18	19 07	17 45	8 39	2 44	10 23
7	3 40	25 10	29 ♍ 49	19 01	17 52	8 38	2 44	10 25
8	5 12	25 39	0 ♎ 20	18 56	17 59	8 38	2 45	10 27
9	6 44	26 06	0 50	18 50	18 05	8 37	2 46	10 29
10	8 17	26 32	1 21	18 44	18 12	8 37	2 47	10 31
11	9 50	26 55	1 51	18 38	18 18	8 36	2 48	10 33
12	11 23	27 17	2 22	18 31	18 25	8 36	2 49	10 35
13	12 56	27 37	2 52	18 25	18 31	8 36	2 50	10 37
14	14 29	27 55	3 22	18 18	18 38	8 36	2 51	10 39
15	16 02	28 11	3 52	18 11	18 44	8 35	2 52	10 41
16	17 35	28 24	4 21	18 05	18 50	8 35	2 53	10 43
17	19 09	28 36	4 51	17 58	18 57	8 35	2 54	10 45
18	20 42	28 45	5 20	17 51	19 03	8D 35	2 55	10 47
19	22 16	28 52	5 49	17 43	19 09	8 35	2 56	10 49
20	23 50	28 57	6 18	17 36	19 15	8 36	2 58	10 51
21	25 24	28 59	6 47	17 29	19 21	8 36	2 59	10 53
22	26 58	28R 59	7 16	17 21	19 27	8 36	3 00	10 55
23	28 ♐ 32	28 56	7 44	17 14	19 33	8 36	3 01	10 58
24	0 ♑ 07	28 51	8 13	17 06	19 39	8 37	3 03	11 00
25	1 42	28 43	8 41	16 58	19 45	8 37	3 04	11 02
26	3 17	28 33	9 09	16 51	19 51	8 37	3 06	11 04
27	4 52	28 20	9 37	16 43	19 56	8 38	3 07	11 06
28	6 28	28 05	10 04	16 35	20 02	8 38	3 08	11 08
29	8 04	27 48	10 31	16 27	20 08	8 39	3 10	11 10
30	9 40	27 28	10 58	16 19	20 13	8 40	3 11	11 12
31	11 ♑ 17	27 ♑ 06	11 ♎ 25	16 ♋ 11	20 ♏ 19	8 ♈ 40	3 ♓ 13	11 ♑ 14

Lunar Aspects

D	☉	☿	♀	♂	♃	♄	♅	♆	♇
1		●	⚹		△	●	⚼		∠
2			∠	⚹	⚼		△	□	⚺
3	☌		⚺			⚺			
4		⚺		□		∠	□	⚹	☌
5	⚺	∠	☌		☍	⚹		∠	
6	∠	⚹		△			⚹	⚺	⚺
7	⚹			⚼		□	∠		
8		□	⚺		⚼		⚺	☌	∠
9	□		∠		△	△			⚹
10			⚹	☍		⚼		⚺	
11		△			□		☌	∠	□
12	△	⚼	□						
13	⚼						⚺	⚹	△
14				⚼	⚹	☍	∠		⚼
15			△	△	∠		⚹	□	
16		☍	⚼		⚺				
17	☍								
18				□		⚼	□	△	☍
19					☌	△		⚼	
20			☍	⚹					
21	⚼	⚼			⚺	□	△		
22	△	△		∠	∠		⚼		⚼
23			⚼	⚺				☍	△
24					⚹	⚹			
25	□	□	△	☌		∠	☍		
26					□	⚺		⚼	□
27			□					△	
28	⚹	⚹		⚺	△				⚹
29	∠	∠	⚹	∠	⚼	●	⚼	□	∠
30	⚺	⚺	∠	⚹			△		⚺
31			⚺			⚺		⚹	

D M	Saturn Lat.	Saturn Dec.	Uranus Lat.	Uranus Dec.	Neptune Lat.	Neptune Dec.	Pluto Lat.	Pluto Dec.
	° ′	° ′	° ′	° ′	° ′	° ′	° ′	° ′
1	2N07	14S56	0S42	2N48	0S41	11S09	2N48	20S15
3	2 07	14 59	0 42	2 48	0 41	11 09	2 48	20 15
5	2 08	15 03	0 42	2 47	0 41	11 08	2 48	20 15
7	2 08	15 07	0 42	2 47	0 41	11 08	2 47	20 15
9	2 08	15 10	0 42	2 46	0 41	11 07	2 47	20 15
11	2 08	15 13	0 42	2 46	0 41	11 06	2 47	20 15
13	2 08	15 17	0 42	2 46	0 41	11 06	2 47	20 15
15	2 08	15 20	0 42	2 46	0 40	11 05	2 46	20 14
17	2 09	15 23	0 42	2 46	0 40	11 04	2 46	20 14
19	2 09	15 27	0 42	2 46	0 40	11 03	2 46	20 14
21	2 09	15 30	0 42	2 46	0 40	11 02	2 46	20 14
23	2 09	15 33	0 41	2 47	0 40	11 01	2 45	20 14
25	2 09	15 36	0 41	2 47	0 40	11 00	2 45	20 14
27	2 10	15 38	0 41	2 47	0 40	10 59	2 45	20 14
29	2 10	15 41	0 41	2 48	0 40	10 58	2 45	20 14
31	2N10	15S44	0S41	2N48	0S40	10S57	2N45	20S14

Mutual Aspects

1 ☿∠♇.
2 ☉⚺♇. ♅⊥♆. ☉#♃. ♂∥♅.
3 ☿⚹♂. 5 ☉±♃.
6 ☿□♆.
7 ☿⚼♃. ☿∥♇.
8 ☿⊥♇.
9 ♂Q♃. ☉∥♀.
10 ☉▽♃. ☉⚺♄. ☿△♅. ♀Q♅.
11 ☿⚺♇. ♀⊥♆.
12 ☉Q♆. ☿∥♀. ☿#♃. ♀#♃.
13 ☉⊥♀. ☿∠♀. ☿±♃. ♂▽♆. ♃△♄.
15 ☿Q♂. ♂∠♄.
16 ☉⊥♄. ☿▽♃. ☉∥☿.
17 ☿⚺♄. ♃⚼♆. ♅Stat.
18 ☿Q♆. 19 ☿⊥♀.
20 ☉⚺♀.
21 ☿⊥♄. ♀∥♇. ♀Stat.
23 ☿⚺♀. 24 ☉⚹♆.
25 ♂☍♅.
26 ☉∠♄. ☿⚹♆. ♂±♆.
27 ☿∠♄.
29 ☉☌☿. ☿□♅.
30 ☉□♅.
31 ☿□♂. ☿☌♇. ♀⊥♆. ♂□♇.

LAST QUARTER – Dec.25,13h.48m. (3° ♎ 56′)

JANUARY

D	☉ ° ′ ″	☽ ° ′ ″	☽Dec. ° ′	☿ ° ′	♀ ° ′	♂ ′
1	1 01 08	12 44 17	4 22	1 33	1 15	47
2	1 01 09	12 58 16	4 36	1 33	1 15	47
3	1 01 09	13 14 16	4 38	1 33	1 15	47
4	1 01 09	13 32 21	4 27	1 34	1 15	47
5	1 01 09	13 52 07	4 01	1 34	1 15	47
6	1 01 10	14 12 35	3 17	1 35	1 15	47
7	1 01 10	14 32 04	2 14	1 35	1 15	47
8	1 01 10	14 48 14	0 56	1 35	1 15	47
9	1 01 10	14 58 30	0 32	1 36	1 15	47
10	1 01 10	15 00 36	1 58	1 36	1 15	47
11	1 01 10	14 53 24	3 11	1 37	1 15	47
12	1 01 09	14 37 14	4 04	1 37	1 15	47
13	1 01 09	14 14 00	4 36	1 38	1 15	47
14	1 01 08	13 46 33	4 47	1 38	1 15	47
15	1 01 07	13 18 00	4 42	1 39	1 15	47
16	1 01 07	12 51 03	4 25	1 39	1 15	47
17	1 01 06	12 27 44	3 59	1 40	1 15	47
18	1 01 05	12 09 16	3 24	1 40	1 15	47
19	1 01 04	11 56 15	2 44	1 41	1 15	47
20	1 01 03	11 48 45	1 57	1 41	1 15	47
21	1 01 02	11 46 26	1 06	1 42	1 15	47
22	1 01 02	11 48 45	0 12	1 42	1 15	47
23	1 01 01	11 54 52	0 44	1 43	1 15	47
24	1 01 00	12 03 55	1 38	1 43	1 15	47
25	1 00 59	12 14 52	2 30	1 44	1 15	47
26	1 00 58	12 26 49	3 15	1 44	1 15	47
27	1 00 57	12 38 58	3 51	1 45	1 15	47
28	1 00 56	12 50 48	4 18	1 45	1 15	47
29	1 00 55	13 02 07	4 34	1 45	1 15	47
30	1 00 54	13 13 04	4 38	1 46	1 15	47
31	1 00 54	13 24 03	4 29	1 46	1 15	47

FEBRUARY

D	☉ ° ′ ″	☽ ° ′ ″	☽Dec. ° ′	☿ ° ′	♀ ° ′	♂ ′
1	1 00 53	13 35 29	4 05	1 46	1 15	47
2	1 00 52	13 47 41	3 25	1 45	1 15	47
3	1 00 51	14 00 31	2 30	1 45	1 15	47
4	1 00 51	14 13 20	1 21	1 44	1 15	47
5	1 00 50	14 24 47	0 01	1 43	1 15	47
6	1 00 49	14 33 04	1 21	1 42	1 15	47
7	1 00 48	14 36 14	2 36	1 41	1 15	47
8	1 00 47	14 32 44	3 37	1 39	1 15	47
9	1 00 45	14 21 59	4 20	1 36	1 15	47
10	1 00 44	14 04 37	4 43	1 33	1 15	47
11	1 00 43	13 42 23	4 48	1 30	1 15	47
12	1 00 41	13 17 41	4 37	1 26	1 15	47
13	1 00 40	12 53 02	4 14	1 21	1 15	47
14	1 00 38	12 30 37	3 41	1 16	1 15	47
15	1 00 36	12 12 05	3 01	1 09	1 15	47
16	1 00 35	11 58 29	2 15	1 03	1 15	47
17	1 00 33	11 50 22	1 24	0 55	1 15	47
18	1 00 31	11 47 51	0 31	0 47	1 15	47
19	1 00 29	11 50 42	0 24	0 38	1 15	47
20	1 00 27	11 58 20	1 18	0 29	1 15	47
21	1 00 26	12 09 56	2 10	0 19	1 15	47
22	1 00 24	12 24 24	2 58	0 09	1 15	47
23	1 00 22	12 40 29	3 39	0 01	1 15	47
24	1 00 20	12 56 50	4 11	0 11	1 15	47
25	1 00 18	13 12 14	4 32	0 20	1 15	47
26	1 00 17	13 25 44	4 41	0 30	1 15	47
27	1 00 15	13 36 53	4 35	0 38	1 15	47
28	1 00 13	13 45 41	4 14	0 45	1 15	47

MARCH

D	☉ ° ′ ″	☽ ° ′ ″	☽Dec. ° ′	☿ ° ′	♀ ° ′	♂ ′
1	1 00 12	13 52 32	3 36	0 51	1 15	47
2	1 00 10	13 58 01	2 43	0 56	1 15	47
3	1 00 09	14 02 38	1 37	1 00	1 15	47
4	1 00 07	14 06 33	0 22	1 01	1 15	47
5	1 00 06	14 09 31	0 56	1 02	1 15	47
6	1 00 04	14 10 49	2 09	1 01	1 15	47
7	1 00 03	14 09 26	3 11	0 59	1 15	47
8	1 00 01	14 04 27	3 58	0 55	1 15	47
9	0 59 59	13 55 14	4 28	0 51	1 15	47
10	0 59 57	13 41 50	4 42	0 46	1 15	47
11	0 59 55	13 24 56	4 39	0 40	1 15	47
12	0 59 54	13 05 52	4 23	0 34	1 15	47
13	0 59 52	12 46 13	3 55	0 27	1 15	47
14	0 59 49	12 27 39	3 17	0 21	1 15	47
15	0 59 47	12 11 39	2 32	0 15	1 15	47
16	0 59 45	11 59 23	1 42	0 08	1 15	47
17	0 59 43	11 51 42	0 49	0 02	1 15	46
18	0 59 41	11 49 07	0 05	0 04	1 15	46
19	0 59 39	11 51 49	0 59	0 10	1 15	46
20	0 59 36	11 59 41	1 50	0 15	1 15	46
21	0 59 34	12 12 16	2 38	0 20	1 15	46
22	0 59 32	12 28 47	3 21	0 25	1 15	46
23	0 59 29	12 48 06	3 57	0 30	1 15	46
24	0 59 27	13 08 43	4 24	0 34	1 15	46
25	0 59 25	13 29 00	4 39	0 38	1 15	46
26	0 59 23	13 47 15	4 41	0 42	1 15	46
27	0 59 21	14 02 06	4 26	0 46	1 15	46
28	0 59 19	14 12 39	3 53	0 49	1 15	46
29	0 59 17	14 18 40	3 02	0 53	1 15	46
30	0 59 15	14 20 26	1 56	0 56	1 15	46
31	0 59 13	14 18 41	0 40	0 58	1 15	46

APRIL

D	☉ ° ′ ″	☽ ° ′ ″	☽Dec. ° ′	☿ ° ′	♀ ° ′	♂ ′
1	0 59 12	14 14 14	0 39	1 01	1 14	46
2	0 59 10	14 07 48	1 52	1 04	1 14	46
3	0 59 08	13 59 51	2 54	1 06	1 14	46
4	0 59 06	13 50 36	3 42	1 09	1 14	46
5	0 59 05	13 40 05	4 14	1 11	1 14	46
6	0 59 03	13 28 16	4 31	1 13	1 14	46
7	0 59 01	13 15 12	4 34	1 15	1 14	46
8	0 58 59	13 01 07	4 23	1 17	1 14	46
9	0 58 57	12 46 28	4 01	1 19	1 14	46
10	0 58 55	12 31 55	3 28	1 21	1 14	45
11	0 58 53	12 18 17	2 47	1 23	1 14	45
12	0 58 51	12 06 24	1 59	1 25	1 14	45
13	0 58 49	11 57 08	1 07	1 27	1 14	45
14	0 58 47	11 51 14	0 12	1 28	1 14	45
15	0 58 45	11 49 21	0 41	1 30	1 14	45
16	0 58 43	11 51 56	1 33	1 32	1 14	45
17	0 58 40	11 59 17	2 20	1 34	1 14	45
18	0 58 38	12 11 25	3 03	1 35	1 14	45
19	0 58 36	12 28 01	3 40	1 37	1 14	45
20	0 58 34	12 48 27	4 09	1 39	1 14	45
21	0 58 31	13 11 35	4 30	1 40	1 14	45
22	0 58 29	13 35 52	4 39	1 42	1 14	45
23	0 58 27	13 59 20	4 34	1 44	1 14	45
24	0 58 25	14 19 52	4 10	1 45	1 14	45
25	0 58 23	14 35 30	3 27	1 47	1 14	45
26	0 58 22	14 44 47	2 24	1 49	1 14	45
27	0 58 20	14 47 04	1 06	1 50	1 14	45
28	0 58 18	14 42 37	0 17	1 52	1 14	45
29	0 58 17	14 32 29	1 36	1 54	1 14	45
30	0 58 15	14 18 11	2 43	1 56	1 14	45

DAILY MOTIONS OF THE PLANETS, 2013

MAY

D	☉	☽	☽Dec.	☿	♀	♂
	° ′ ″	° ′ ″	° ′	° ′	° ′	′
1	0 58 14	14 01 22	3 34	1 57	1 14	44
2	0 58 12	13 43 33	4 08	1 59	1 14	44
3	0 58 11	13 25 50	4 26	2 01	1 14	44
4	0 58 09	13 09 00	4 31	2 02	1 14	44
5	0 58 08	12 53 27	4 23	2 04	1 14	44
6	0 58 06	12 39 22	4 04	2 05	1 14	44
7	0 58 05	12 26 48	3 35	2 07	1 14	44
8	0 58 03	12 15 46	2 58	2 08	1 14	44
9	0 58 02	12 06 20	2 12	2 09	1 14	44
10	0 58 00	11 58 40	1 22	2 10	1 14	44
11	0 57 59	11 53 02	0 28	2 10	1 14	44
12	0 57 57	11 49 50	0 26	2 11	1 14	44
13	0 57 55	11 49 28	1 18	2 11	1 14	44
14	0 57 54	11 52 26	2 06	2 11	1 14	44
15	0 57 52	11 59 10	2 48	2 11	1 14	44
16	0 57 50	12 10 01	3 25	2 10	1 14	44
17	0 57 49	12 25 09	3 55	2 09	1 14	44
18	0 57 47	12 44 27	4 17	2 08	1 14	44
19	0 57 45	13 07 25	4 31	2 06	1 14	44
20	0 57 44	13 33 00	4 32	2 05	1 14	43
21	0 57 42	13 59 35	4 19	2 03	1 14	43
22	0 57 41	14 24 55	3 47	2 01	1 14	43
23	0 57 39	14 46 22	2 55	1 58	1 14	43
24	0 57 38	15 01 22	1 43	1 56	1 14	43
25	0 57 37	15 07 51	0 18	1 53	1 13	43
26	0 57 35	15 04 59	1 09	1 51	1 13	43
27	0 57 34	14 53 18	2 26	1 48	1 13	43
28	0 57 33	14 34 38	3 26	1 45	1 13	43
29	0 57 33	14 11 31	4 07	1 42	1 13	43
30	0 57 32	13 46 37	4 28	1 39	1 13	43
31	0 57 31	13 22 13	4 34	1 36	1 13	43

JUNE

D	☉	☽	☽Dec.	☿	♀	♂
	° ′ ″	° ′ ″	° ′	° ′	° ′	′
1	0 57 30	12 59 55	4 27	1 34	1 13	43
2	0 57 29	12 40 39	4 09	1 31	1 13	43
3	0 57 29	12 24 48	3 42	1 28	1 13	43
4	0 57 28	12 12 20	3 06	1 25	1 13	43
5	0 57 27	12 02 58	2 24	1 21	1 13	43
6	0 57 26	11 56 19	1 36	1 18	1 13	43
7	0 57 26	11 52 02	0 43	1 15	1 13	43
8	0 57 25	11 49 50	0 11	1 12	1 13	42
9	0 57 24	11 49 36	1 03	1 09	1 13	42
10	0 57 23	11 51 22	1 52	1 05	1 13	42
11	0 57 22	11 55 21	2 36	1 02	1 13	42
12	0 57 21	12 01 54	3 14	0 58	1 13	42
13	0 57 20	12 11 28	3 44	0 55	1 13	42
14	0 57 20	12 24 27	4 07	0 51	1 13	42
15	0 57 19	12 41 09	4 21	0 48	1 13	42
16	0 57 18	13 01 37	4 26	0 44	1 13	42
17	0 57 17	13 25 27	4 19	0 40	1 13	42
18	0 57 16	13 51 38	3 56	0 36	1 13	42
19	0 57 15	14 18 25	3 16	0 32	1 13	42
20	0 57 15	14 43 15	2 16	0 27	1 13	42
21	0 57 14	15 03 04	0 59	0 23	1 13	42
22	0 57 14	15 14 50	0 29	0 18	1 13	42
23	0 57 13	15 16 24	1 55	0 14	1 13	42
24	0 57 13	15 07 13	3 07	0 09	1 13	42
25	0 57 13	14 48 35	4 00	0 05	1 13	42
26	0 57 12	14 23 16	4 30	0 00	1 13	42
27	0 57 12	13 54 37	4 41	0 04	1 13	41
28	0 57 12	13 25 49	4 37	0 09	1 13	41
29	0 57 13	12 59 17	4 19	0 13	1 13	41
30	0 57 13	12 36 33	3 52	0 17	1 13	41

JULY

D	☉	☽	☽Dec.	☿	♀	♂
	° ′ ″	° ′ ″	° ′	° ′	° ′	′
1	0 57 13	12 18 23	3 17	0 21	1 13	41
2	0 57 13	12 04 55	2 36	0 25	1 13	41
3	0 57 13	11 55 52	1 49	0 28	1 13	41
4	0 57 13	11 50 42	0 58	0 31	1 13	41
5	0 57 14	11 48 46	0 05	0 34	1 13	41
6	0 57 14	11 49 26	0 48	0 36	1 13	41
7	0 57 14	11 52 07	1 39	0 37	1 13	41
8	0 57 14	11 56 26	2 25	0 38	1 13	41
9	0 57 14	12 02 11	3 04	0 38	1 13	41
10	0 57 14	12 09 25	3 36	0 37	1 13	41
11	0 57 14	12 18 23	4 00	0 36	1 13	41
12	0 57 14	12 29 31	4 15	0 34	1 12	41
13	0 57 14	12 43 17	4 21	0 32	1 12	41
14	0 57 14	13 00 03	4 16	0 29	1 12	41
15	0 57 14	13 19 57	3 58	0 25	1 12	41
16	0 57 14	13 42 33	3 26	0 21	1 12	40
17	0 57 14	14 06 47	2 37	0 17	1 12	40
18	0 57 15	14 30 40	1 31	0 12	1 12	40
19	0 57 15	14 51 30	0 11	0 07	1 12	40
20	0 57 15	15 06 09	1 14	0 01	1 12	40
21	0 57 16	15 11 48	2 34	0 04	1 12	40
22	0 57 16	15 06 57	3 38	0 10	1 12	40
23	0 57 16	14 51 52	4 22	0 16	1 12	40
24	0 57 17	14 28 39	4 44	0 22	1 12	40
25	0 57 18	14 00 31	4 47	0 27	1 12	40
26	0 57 19	13 30 54	4 33	0 33	1 12	40
27	0 57 20	13 02 44	4 07	0 39	1 12	40
28	0 57 21	12 38 05	3 33	0 45	1 12	40
29	0 57 22	12 18 11	2 51	0 51	1 12	40
30	0 57 23	12 03 32	2 04	0 57	1 12	40
31	0 57 24	11 54 05	1 13	1 02	1 12	40

AUGUST

D	☉	☽	☽Dec.	☿	♀	♂
	° ′ ″	° ′ ″	° ′	° ′	° ′	′
1	0 57 25	11 49 25	0 21	1 08	1 12	40
2	0 57 26	11 48 55	0 32	1 13	1 12	40
3	0 57 27	11 51 47	1 23	1 18	1 12	40
4	0 57 28	11 57 12	2 11	1 23	1 12	40
5	0 57 29	12 04 24	2 53	1 28	1 12	40
6	0 57 30	12 12 46	3 28	1 33	1 12	39
7	0 57 31	12 21 54	3 54	1 37	1 12	39
8	0 57 32	12 31 38	4 12	1 41	1 11	39
9	0 57 33	12 42 09	4 19	1 45	1 11	39
10	0 57 34	12 53 48	4 16	1 48	1 11	39
11	0 57 35	13 07 02	4 00	1 51	1 11	39
12	0 57 36	13 22 10	3 31	1 54	1 11	39
13	0 57 37	13 39 15	2 48	1 56	1 11	39
14	0 57 38	13 57 48	1 50	1 58	1 11	39
15	0 57 39	14 16 35	0 39	1 59	1 11	39
16	0 57 40	14 33 42	0 39	2 00	1 11	39
17	0 57 41	14 46 40	1 57	2 01	1 11	39
18	0 57 42	14 53 05	3 07	2 01	1 11	39
19	0 57 43	14 51 08	4 01	2 01	1 11	39
20	0 57 44	14 40 22	4 34	2 01	1 11	39
21	0 57 46	14 21 50	4 48	2 01	1 11	39
22	0 57 47	13 57 49	4 43	2 00	1 11	39
23	0 57 49	13 31 10	4 23	2 00	1 11	39
24	0 57 50	13 04 41	3 50	1 59	1 11	39
25	0 57 52	12 40 37	3 09	1 58	1 11	39
26	0 57 54	12 20 32	2 22	1 57	1 10	39
27	0 57 56	12 05 21	1 31	1 56	1 10	38
28	0 57 58	11 55 26	0 38	1 55	1 10	38
29	0 57 59	11 50 43	0 15	1 53	1 10	38
30	0 58 01	11 50 49	1 07	1 52	1 10	38
31	0 58 03	11 55 06	1 55	1 51	1 10	38

SEPTEMBER

D	☉	☽	☽Dec.	☿	♀	♂
	° ′ ″	° ′ ″	° ′	° ′	° ′	′
1	0 58 05	12 02 48	2 39	1 50	1 10	38
2	0 58 07	12 12 59	3 16	1 48	1 10	38
3	0 58 08	12 24 42	3 46	1 47	1 10	38
4	0 58 10	12 37 07	4 08	1 46	1 10	38
5	0 58 12	12 49 32	4 19	1 45	1 10	38
6	0 58 14	13 01 33	4 19	1 44	1 10	38
7	0 58 15	13 13 04	4 06	1 42	1 10	38
8	0 58 17	13 24 14	3 39	1 41	1 10	38
9	0 58 19	13 35 19	2 58	1 40	1 10	38
10	0 58 20	13 46 31	2 03	1 39	1 09	38
11	0 58 22	13 57 47	0 56	1 38	1 09	38
12	0 58 23	14 08 39	0 17	1 37	1 09	38
13	0 58 25	14 18 10	1 31	1 36	1 09	38
14	0 58 26	14 24 59	2 39	1 34	1 09	38
15	0 58 28	14 27 40	3 35	1 33	1 09	38
16	0 58 30	14 24 59	4 15	1 32	1 09	37
17	0 58 31	14 16 25	4 38	1 31	1 09	37
18	0 58 33	14 02 15	4 42	1 30	1 09	37
19	0 58 35	13 43 41	4 30	1 29	1 09	37
20	0 58 37	13 22 25	4 04	1 28	1 08	37
21	0 58 39	13 00 26	3 27	1 27	1 08	37
22	0 58 41	12 39 35	2 41	1 26	1 08	37
23	0 58 43	12 21 24	1 50	1 25	1 08	37
24	0 58 45	12 07 02	0 56	1 24	1 08	37
25	0 58 48	11 57 12	0 02	1 23	1 08	37
26	0 58 50	11 52 16	0 50	1 21	1 08	37
27	0 58 52	11 52 17	1 38	1 20	1 08	37
28	0 58 54	11 57 03	2 23	1 19	1 08	37
29	0 58 57	12 06 04	3 02	1 18	1 07	37
30	0 58 59	12 18 36	3 35	1 16	1 07	37

OCTOBER

D	☉	☽	☽Dec.	☿	♀	♂
	° ′ ″	° ′ ″	° ′	° ′	° ′	′
1	0 59 01	12 33 44	4 00	1 15	1 07	37
2	0 59 03	12 50 21	4 16	1 13	1 07	37
3	0 59 05	13 07 15	4 21	1 11	1 07	37
4	0 59 07	13 23 22	4 14	1 10	1 07	37
5	0 59 10	13 37 44	3 51	1 08	1 07	36
6	0 59 12	13 49 45	3 12	1 06	1 06	36
7	0 59 14	13 59 08	2 19	1 04	1 06	36
8	0 59 15	14 05 51	1 13	1 01	1 06	36
9	0 59 17	14 10 07	0 01	0 59	1 06	36
10	0 59 19	14 12 06	1 14	0 56	1 06	36
11	0 59 21	14 11 54	2 21	0 53	1 06	36
12	0 59 22	14 09 31	3 17	0 49	1 05	36
13	0 59 24	14 04 46	3 58	0 45	1 05	36
14	0 59 26	13 57 30	4 24	0 41	1 05	36
15	0 59 28	13 47 37	4 35	0 37	1 05	36
16	0 59 29	13 35 15	4 30	0 32	1 05	36
17	0 59 31	13 20 47	4 11	0 26	1 04	36
18	0 59 33	13 04 55	3 39	0 21	1 04	36
19	0 59 35	12 48 30	2 58	0 14	1 04	36
20	0 59 37	12 32 34	2 09	0 07	1 04	36
21	0 59 40	12 18 07	1 16	0 01	1 03	35
22	0 59 42	12 06 08	0 21	0 09	1 03	35
23	0 59 44	11 57 24	0 32	0 17	1 03	35
24	0 59 46	11 52 37	1 22	0 26	1 03	35
25	0 59 48	11 52 13	2 08	0 35	1 02	35
26	0 59 51	11 56 28	2 47	0 44	1 02	35
27	0 59 53	12 05 24	3 21	0 53	1 02	35
28	0 59 55	12 18 47	3 48	1 01	1 01	35
29	0 59 57	12 36 01	4 08	1 08	1 01	35
30	0 59 59	12 56 13	4 19	1 13	1 01	35
31	1 00 01	13 18 05	4 18	1 17	1 00	35

NOVEMBER

D	☉	☽	☽Dec.	☿	♀	♂
	° ′ ″	° ′ ″	° ′	° ′	° ′	′
1	1 00 03	13 39 59	4 03	1 18	1 00	35
2	1 00 05	14 00 07	3 32	1 17	1 00	35
3	1 00 07	14 16 42	2 42	1 13	0 59	35
4	1 00 09	14 28 17	1 37	1 07	0 59	34
5	1 00 11	14 34 01	0 22	0 59	0 58	34
6	1 00 12	14 33 48	0 56	0 50	0 58	34
7	1 00 14	14 28 15	2 08	0 39	0 57	34
8	1 00 15	14 18 32	3 07	0 28	0 57	34
9	1 00 17	14 06 00	3 50	0 16	0 56	34
10	1 00 18	13 51 58	4 17	0 04	0 56	34
11	1 00 20	13 37 26	4 29	0 07	0 55	34
12	1 00 21	13 23 04	4 27	0 17	0 55	34
13	1 00 22	13 09 14	4 12	0 27	0 54	34
14	1 00 24	12 56 03	3 46	0 36	0 53	34
15	1 00 25	12 43 31	3 09	0 44	0 53	33
16	1 00 27	12 31 41	2 25	0 51	0 52	33
17	1 00 28	12 20 40	1 33	0 57	0 51	33
18	1 00 30	12 10 42	0 39	1 02	0 51	33
19	1 00 32	12 02 14	0 15	1 07	0 50	33
20	1 00 33	11 55 46	1 06	1 11	0 49	33
21	1 00 35	11 51 56	1 53	1 15	0 48	33
22	1 00 37	11 51 23	2 34	1 18	0 48	33
23	1 00 38	11 54 42	3 08	1 20	0 47	33
24	1 00 40	12 02 21	3 36	1 22	0 46	33
25	1 00 41	12 14 40	3 57	1 24	0 45	32
26	1 00 43	12 31 40	4 10	1 26	0 44	32
27	1 00 45	12 53 00	4 15	1 27	0 43	32
28	1 00 46	13 17 46	4 08	1 28	0 42	32
29	1 00 48	13 44 27	3 46	1 29	0 41	32
30	1 00 49	14 10 53	3 07	1 30	0 39	32

DECEMBER

D	☉	☽	☽Dec.	☿	♀	♂
	° ′ ″	° ′ ″	° ′	° ′	° ′	′
1	1 00 51	14 34 20	2 10	1 30	0 38	32
2	1 00 52	14 51 58	0 56	1 31	0 37	32
3	1 00 53	15 01 26	0 26	1 31	0 36	31
4	1 00 54	15 01 33	1 46	1 32	0 34	31
5	1 00 55	14 52 37	2 55	1 32	0 33	31
6	1 00 56	14 36 24	3 46	1 32	0 31	31
7	1 00 56	14 15 30	4 18	1 32	0 30	31
8	1 00 57	13 52 39	4 32	1 32	0 28	31
9	1 00 58	13 30 09	4 30	1 33	0 26	31
10	1 00 58	13 09 34	4 16	1 33	0 25	31
11	1 00 59	12 51 46	3 52	1 33	0 23	30
12	1 00 59	12 36 59	3 18	1 33	0 21	30
13	1 01 00	12 25 00	2 36	1 33	0 19	30
14	1 01 01	12 15 27	1 48	1 33	0 17	30
15	1 01 01	12 07 49	0 56	1 33	0 15	30
16	1 01 02	12 01 44	0 02	1 33	0 13	30
17	1 01 03	11 56 59	0 50	1 34	0 10	29
18	1 01 03	11 53 34	1 39	1 34	0 08	29
19	1 01 04	11 51 44	2 22	1 34	0 06	29
20	1 01 04	11 51 57	2 58	1 34	0 03	29
21	1 01 05	11 54 49	3 26	1 34	0 01	29
22	1 01 06	12 01 02	3 48	1 34	0 01	29
23	1 01 06	12 11 14	4 02	1 35	0 04	28
24	1 01 07	12 25 58	4 08	1 35	0 06	28
25	1 01 08	12 45 27	4 05	1 35	0 09	28
26	1 01 08	13 09 27	3 51	1 35	0 11	28
27	1 01 09	13 37 03	3 22	1 35	0 14	28
28	1 01 10	14 06 28	2 37	1 36	0 16	27
29	1 01 10	14 34 58	1 34	1 36	0 19	27
30	1 01 10	14 59 01	0 16	1 36	0 21	27
31	1 01 11	15 15 00	1 08	1 37	0 23	27

JANUARY

Day	Time	Aspect	
1 Tu	02 31	♂✱♅	
	06 49	☽⚼♇	b
	06 50	☿✱♆	
	10 18	☽⚼☉	b
	17 35	☽♍	
	19 39	☽☍♆	B
	21 24	☽△☿	G
2 We	07 59	☽□♃	B
	11 13	☽△♇	G
	11 45	☽✱♄	G
	16 59	☽△☉	G
	22 43	☽∥♅	B
3 Th	03 46	♂∥♇	
	09 49	☽⚼♂	b
	11 48	☽#♅	B
	12 15	☽□♀	B
	15 37	☽∠♄	b
	16 29	☿□♅	
	17 49	☉±♃	
4 Fr	01 11	☽♎	
	02 03	☉∥♀	
	09 52	☽☍♅	B
	12 08	☽□☿	B
	12 46	♂△♃	
	14 35	☽△♃	G
	14 43	☽△♂	G
	18 10	☽□♇	B
	18 50	☽⊻♄	g
5 Sa	01 29	♀∠♄	
	03 58	☽□☉	B
	06 06	☽⚼♆	b
	08 09	☿⊽♃	
	16 55	☽⚼♃	b
	18 57	☽∥♆	D
	23 13	☽✱♀	G
6 Su	00 27	☽∥♄	B
	05 41	☿⊻♂	
	06 09	☽♏	
	08 15	☽△♆	G
	09 19	☉∠♆	
	16 43	☿☌♇	
	22 04	☽□♂	B
	22 24	☽✱♇	G
	23 06	☽✱☿	G
	23 10	☽☌♄	B
	23 44	☿✱♄	
7 Mo	03 20	☽∠♀	b
	04 17	♂⊻♇	
	11 31	☽✱☉	G
	15 46	☽⚼♅	b
	19 33	♂□♄	
	22 12	☽∥♂	B
	23 32	☽∠♇	b
8 Tu	03 12	☽∠☿	b
	06 37	☽⊻♀	g
	08 28	☽♐	
	09 44	☽∥♇	D
	10 34	☽□♆	B
	14 08	☽∠☉	b
	16 29	☽△♅	G
	20 05	☽☍♃	B
	23 03	☿±♃	
9 We	00 07	☽⊻♇	g
	00 58	☽⊻♄	g
	02 28	☽✱♂	G
	04 11	♀♑	
	06 36	☽⊻☿	g
	08 39	☽#♃	G
	16 12	☽⊻☉	g
	22 09	☽#♃	G
10 Th	01 13	☽∠♄	b
	03 56	☽∠♂	b
	05 45	♀✱♆	
	08 54	☽♑	
	11 03	☽✱♆	G
	11 31	☽☌♀	G
	16 49	☽□♅	B
	20 33	☽∥♇	D
	23 48	☿∠♆	
11 Fr	00 22	☽☌♇	D
	01 18	☽✱♄	G
	05 15	☽⊻♂	g
	11 05	☽∠♆	b
	12 25	☽☌☿	G
	15 23	☽∥♂	B
	19 44	☽☌☉	D
	19 59	☽⚼♃	b
	23 13	☉⚼♃	
12 Sa	09 01	☽♒	
	09 22	☉Q♄	
	11 18	☽⊻♆	g
	16 09	☽⊻♀	g
	17 09	☽✱♅	G
	20 11	☽△♃	G
13 Su	00 55	☽⊻♇	g
	01 11	☉Q♅	
	01 58	☽□♄	B
	03 10	☽∥♄	B
	04 13	♀□♅	
	08 37	☽☌♂	B
	09 36	☽∥♆	D
	17 57	☽∠♅	b
	19 15	☽∠♀	b
	19 27	☽⊻☿	g
14 Mo	00 38	☽⊻☉	g
	01 57	☽∠♇	b
	08 00	☿⚼♃	
	10 49	☽♓	
	13 20	☽☌♆	D
	13 36	♀⊽♃	
	18 28	☿Q♄	
	19 31	☽⊻♅	g
	22 26	☽□♃	B
	23 21	☽✱♀	G
15 Tu	00 26	☽∠☿	b
	03 01	☿Q♅	
	03 16	♂⊥♇	
	03 49	☽✱♇	G
	04 28	☽∠☉	b
	05 01	☽△♄	G
	11 47	☉⊥♆	
	13 43	☽#♅	B
	15 06	☽⊻♂	g
16 We	03 43	☽∥♅	B
	03 44	☿∥♀	
	06 54	☽✱☿	G
	07 59	☽⚼♄	b
	09 32	☽✱☉	G
	15 02	☿⊥♆	
	16 07	☽♈	
	18 58	☽⊻♆	g
	20 07	☽∠♂	b
	20 17	☉#♃	
17 Th	01 29	♀☌♇	
	01 38	☽☌♅	B
	04 28	☽✱♃	G
	10 38	☽□♇	B
	11 37	☽□♀	B
	16 02	♀✱♄	
	23 24	☽∠♆	b
18 Fr	02 27	☽✱♂	G
	08 56	☉☌☿	
	09 04	☽∠♃	b
	12 35	☽#♆	D
	21 07	☽#♄	B
	23 45	☽□☉	B
19 Sa	00 40	☽□☿	B
	01 36	☽♉	
	04 25	♀±♃	
	04 49	☽✱♆	G
	07 25	☿♒	
	11 55	☽⊻♅	g
	14 35	☽⊻♃	g
	21 30	☽△♇	G
	21 43	☽#♂	B
	21 52	☉♒	
	23 05	☽☍♄	B
20 Su	04 55	♀⊥♂	
	05 17	☽△♀	G
	07 05	☿⊻♆	
	17 15	♂∠♅	
	18 12	☽∠♅	b
	18 16	☽□♂	B
21 Mo	03 56	☽⚼♇	b
	13 58	☉⊻♆	
	14 04	☽♊	
	15 20	☽⚼♀	b
	15 28	☉∥♇	
	16 37	☽#☉	G
	16 48	☽#♇	D
	17 33	☽□♆	B
	17 53	☽△☉	G
	23 13	☽△☿	G
22 Tu	00 49	☽✱♅	G
	03 13	☽●♃	G
	10 28	☿✱♅	
	12 38	♀∠♆	
	21 11	☽∥♃	G
	21 47	☽#☿	G
	22 12	☿#♃	
23 We	02 26	☿△♃	
	03 19	☽⚼☉	b
	10 54	☽⚼☿	b
	11 42	☽△♂	G
	13 13	☽∥♃	G
	18 50	☽⚼♄	b
24 Th	03 00	☽♋	
	06 36	☽△♆	G
	11 50	☽#☿	G
	13 45	☽□♅	B
	15 48	☽⊻♃	g
	17 23	☽#♇	D
	19 59	☽⚼♂	b
	23 19	☽☍♇	B
25 Fr	01 00	☽△♄	G
	02 49	☿∥♇	
	04 46	☉✱♅	
	05 53	☽#☉	G
	06 38	☿⊻♇	
	12 34	☽⚼♆	b
	18 42	☿□♄	
	20 35	☽☍♀	B
	21 29	☽∠♃	b
26 Sa	03 56	☉△♃	
	05 14	♀⚼♃	
	14 20	☽☊	
27 Su	00 40	♂∠♇	
	00 52	☽△♅	G
	02 04	☽#♂	B
	02 36	☽✱♃	G
	04 38	☽☍☉	B
	10 52	☽#♄	B
	11 43	☽□♄	B
	14 38	♀Q♄	
	18 09	☽☍☿	B
	20 34	☽#♆	D
	21 45	♀Q♅	
28 Mo	03 42	☉∥☿	
	05 34	☽⚼♅	b
	14 35	☽⚼♇	b
	16 59	☽☍♂	B
	18 54	☿⊥♇	
	23 27	☽♍	
29 Tu	03 07	☽☍♆	B
	11 14	☽□♃	B
	18 36	☽△♇	G
	19 38	☽⚼♀	b
	20 13	☽✱♄	G
	21 59	♀⊥♆	
30 We	01 23	☉⊻♇	
	03 32	☽∥♅	B
	11 35	♃Stat	
	19 55	☽#♅	B
	22 49	☉□♄	
	23 45	☽∠♄	b
	23 49	☽⚼☉	b
31 Th	01 59	☽△♀	G
	05 59	☿∠♅	
	06 36	☽♎	
	13 02	♂∥♄	
	16 43	☽☍♅	B
	18 00	☽△♃	G
	18 19	☽⚼☿	b

FEBRUARY

Day	Time	Aspect	
1 Fr	01 16	☽□♇	B
	02 50	☽⊻♄	g
	05 04	☽△☉	G
	08 30	☽⚼♂	b
	13 14	☽⚼♆	b
	15 22	♂⊥♅	
	20 46	☽⚼♃	b
2 Sa	00 08	☽∥♆	D
	00 12	♀#♃	
	01 03	☽△☿	G
	01 54	♂♓	
	02 47	♀♒	
	04 17	♀⊻♂	
	06 38	☽∥♂	B
	09 43	☽∥♄	B
	12 02	☽♏	
	12 39	☽△♂	G
	12 57	☽□♀	B
	15 45	☽△♆	G
	20 43	☽∥☿	G
3 Su	00 00	☿∠♇	
	06 14	☽✱♇	G
	07 45	☽☌♄	B
	09 58	☽∥☉	G
	13 56	☽□☉	B
	20 21	♀⊻♆	
	23 59	☽⚼♅	b
4 Mo	08 04	☽∠♇	b
	12 31	☽□☿	B
	15 45	☽♐	
	19 25	☽□♂	B
	19 29	☽□♆	B
	19 43	☽∥♇	D
	20 56	♂☌♆	
	21 40	☽✱♀	G
5 Tu	00 48	☽∥♀	G
	01 33	☽△♅	G
	02 32	☽☍♃	B
	03 46	☉⊥♇	
	05 42	☿∥♄	
	09 29	☽⊻♇	g
	10 56	☽⊻♄	g
	12 17	☿⊥♅	
	14 55	☿♓	
	20 42	☽✱☉	G
6 We	01 13	☽∠♀	b
	04 38	♀∥♇	
	05 46	♂∥♆	
	11 57	☽∠♄	b
	17 55	☽♑	
	19 08	♀✱♅	
	21 31	☽✱☿	G
	21 41	☽✱♆	G
	23 00	☿☌♆	
	23 26	☽∠☉	b
7 Th	00 21	☽✱♂	G
	03 37	☽□♅	B
	04 23	☽⊻♀	g
	04 50	☽∥♇	D
	05 57	♀△♃	
	09 24	☽∥♀	G
	11 20	☽☌♇	D
	11 31	☿∥♆	
	12 44	☽✱♄	G
	22 26	☽∠♆	b
8 Fr	01 24	☽∠☿	b
	01 57	☽⊻☉	g
	02 26	☽∠♂	b
	05 13	☽⚼♃	b
	05 25	☿∥♂	
	17 57	☿☌♂	
	19 16	☽♒	
	23 10	☽⊻♆	g
9 Sa	01 30	☽∥☉	G
	04 14	☿⊻♅	
	04 32	☽⊻♂	g
	05 07	☽✱♅	G
	05 14	☽⊻☿	g
	05 59	☽△♃	G
	10 25	☽☌♀	G
	12 08	☿□♃	
	12 27	☽∥♄	B
	12 50	☽⊻♇	g
	13 57	☉∠♅	
	14 12	☽□♄	B
	15 49	♂⊻♅	
	22 16	☽∥♆	D
10 Su	04 22	☽∥♂	B
	06 09	☽∠♅	b
	07 20	☽☌☉	D
	08 12	♂□♃	
	10 15	☽∥☿	G
	13 58	☽∠♇	b
	15 03	♀⊻♇	
	21 19	☽♓	
11 Mo	01 29	☽☌♆	D
	06 42	♀□♄	
	07 41	☽⊻♅	g

Day	Time	Aspect	
	08 33	☽□♃	B
	09 56	☽☌♂	B
	14 00	☽☌☿	G
	15 40	☽✱♇	G
	17 03	☽△♄	G
	18 04	☽⊻♀	g
	22 37	☽#♅	B
12	06 00	☿✱♇	
Tu	15 12	☽⊻☉	g
	16 44	☽∥♅	B
	19 15	☿△♄	
	19 32	☽⚼♄	b
	23 19	☽∠♀	b
13	01 51	☽♈	
We	06 26	☽⊻♆	g
	13 05	☽☌♅	B
	14 01	☽✱♃	G
	17 29	☽#☿	G
	18 46	☽⊻♂	g
	20 46	☽∠☉	b
	21 34	☽□♇	B
14	02 12	☽⊻☿	g
Th	05 51	☽✱♀	G
	06 46	☽#♂	B
	07 19	☉∠♇	
	09 30	☉∥♄	
	10 19	☽∠♆	b
	18 12	☽∠♃	b
	20 40	☽#♆	D
15	00 55	☽∠♂	b
Fr	03 35	☽✱☉	G
	06 24	☽#☉	G
	08 26	☽#♄	B
	09 53	☽∠☿	b
	10 08	☽♉	
	12 39	♀⊥♇	
	15 12	☽✱♆	G
	18 17	♂✱♇	
	22 23	☽⊻♅	g
	23 23	☽⊻♃	g
16	07 20	☽△♇	G
Sa	08 13	☽✱♂	G
	08 44	☽☍♄	B
	12 23	☽#♀	G
	16 14	♂△♄	
	18 21	☽✱☿	G
	22 48	☽□♀	B
17	04 20	☽∠♅	b
Su	13 26	☽⚼♇	b
	20 31	☽□☉	B
	21 50	☽♊	
18	03 19	☽□♆	B
Mo	04 29	☽#♇	D
	10 49	☽✱♅	G
	11 54	☽•♃	G
	12 02	☉♓	
	17 02	♄ Stat	
	21 59	☉⊥♅	
19	01 02	☽□♂	B
Tu	05 37	♀∠♅	
	11 39	☽□☿	B
	15 51	☉∥♆	
	18 48	☽△♀	G
20	03 43	☽⚼♄	b
We	10 45	☽♋	
	15 04	☽△☉	G
	16 24	☽△♆	G
	22 38	☽#♇	D
	23 52	☽□♅	B

Day	Time	Aspect	
21	01 02	☽⊻♃	g
Th	04 36	☽⚼♀	b
	07 18	☉☌♆	
	08 43	☽☍♇	B
	09 52	☽△♄	G
	17 33	☿#♅	
	17 47	☽△♂	G
	22 25	☽⚼♆	b
	23 44	☽⚼☉	b
22	02 08	☽△☿	G
Fr	06 59	☽∠♃	b
	20 53	♀∠♇	
	22 12	☽♌	
23	01 10	☽⚼♂	b
Sa	07 36	☽⚼☿	b
	09 41	☿ Stat	
	11 00	☽△♅	G
	11 48	☽#♀	G
	12 14	☽✱♃	G
	18 10	☽#♄	B
	20 16	☽□♄	B
24	06 24	☽#♆	D
Su	15 29	☽⚼♅	b
	17 16	☽#☉	G
	23 32	☽⚼♇	b
25	04 28	☉⊻♅	
Mo	04 50	☽☍♀	B
	06 52	☽♍	
	12 22	☽☍♆	B
	15 09	☽#♂	B
	16 39	♀∥♄	
	20 26	☽☍☉	B
	20 34	☽□♃	B
	22 26	☉□♃	
26	02 03	♀♓	
Tu	03 05	☽△♇	G
	03 51	☽✱♄	G
	08 21	☽∥♅	B
	09 09	☿☌♂	
	12 29	☽#☿	G
	17 22	☽☍☿	B
	17 38	♀⊥♅	
	18 13	☽☍♂	B
27	01 47	☽∥☿	G
We	05 46	☽#♅	B
	06 45	☽∠♄	b
	13 02	☽♎	
	18 54	☽∥♂	B
28	01 11	☽☍♅	B
Th	02 35	☽△♃	G
	08 37	☽□♇	B
	09 13	☽⊻♄	g
	11 30	☽∥☉	G
	13 37	♀☌♆	
	20 53	☽⚼♆	b
	21 35	☽⚼♀	b
MARCH			
1	04 54	☽∥♆	D
Fr	05 01	☽⚼♃	b
	07 01	☽∥♀	G
	10 38	☽⚼☉	b
	13 38	☉✱♇	
	16 14	☽∥♄	B
	17 33	☽♏	
	20 31	☉△♄	
	20 32	☽⚼☿	b
	23 01	☽△♆	G
2	02 13	☽△♀	G

Day	Time	Aspect	
Sa	03 18	♀∥♆	
	05 59	☽⚼♂	b
	12 50	☽✱♇	G
	13 16	☽☌♄	B
	14 35	☽△☉	G
	18 51	☿#♅	
	20 48	☽△☿	G
3	07 34	☽⚼♅	b
Su	09 19	☽△♂	G
	12 21	♂Q♇	
	14 38	☽∠♇	b
	17 58	♀⊻♅	
	21 11	☽♐	
4	02 42	☽□♆	B
Mo	04 41	☽∥♇	D
	09 19	☽△♅	G
	10 45	☽□♀	B
	11 00	☽☍♃	B
	12 58	☉☌☿	
	13 52	♀□♃	
	16 17	☽⊻♇	g
	16 34	☽⊻♄	g
	20 41	☽□☿	B
	21 53	☽□☉	B
	21 58	☿∥♂	
5	15 28	☽□♂	B
Tu	18 00	☽∠♄	b
6	00 14	☽♑	
We	05 50	☽✱♆	G
	08 38	☽∥♇	D
	12 28	☽□♅	B
	18 36	☽✱♀	G
	19 15	☽☌♇	D
	19 22	☽✱♄	G
	20 08	☽✱☿	G
7	02 03	♀✱♇	
Th	03 07	♀△♄	
	04 37	☽✱☉	G
	04 54	☿☌♀	
	07 17	☿△♄	
	07 18	☽∠♆	b
	07 35	♂#♅	
	08 23	☿✱♇	
	12 01	♂⚼♄	
	15 55	☽⚼♃	b
	16 59	♂Q♃	
	19 52	☽∠☿	b
	21 14	☽✱♂	G
	22 27	☽∠♀	b
8	03 01	☽♒	
Fr	07 06	♄✱♇	
	07 57	☽∠☉	b
	08 47	☽⊻♆	g
	10 40	☉∥☿	
	15 29	☽✱♅	G
	17 34	☽△♃	G
	19 46	☽⊻☿	g
	21 04	☽∥♄	B
	22 08	☽□♄	B
	22 11	☽⊻♇	g
9	00 12	☽∠♂	b
Sa	02 25	☽⊻♀	g
	08 25	☽∥♆	D
	11 28	☽⊻☉	g
	17 12	☽∠♅	b
	23 54	☽∠♇	b
10	03 27	☽⊻♂	g
Su	03 37	☿□♃	
	04 20	☽∥♀	G

Day	Time	Aspect	
	06 19	☽♓	
	11 54	☽∥☿	G
	12 20	☽☌♆	D
	19 16	☽⊻♅	g
	20 33	☽☌☿	G
	21 39	☽□♃	B
	22 03	☽∥☉	G
11	01 46	☽△♄	G
Mo	02 01	☽✱♇	G
	05 16	☽#♅	B
	11 33	☽☌♀	G
	12 30	☽∥♂	B
	19 51	☽☌☉	D
	20 21	☿⊻♅	
	20 55	☿∥♀	
	21 24	☽#♂	B
12	04 19	☽⚼♄	b
Tu	05 27	☽∥♅	B
	06 26	♂♈	
	09 41	☽#☉	G
	11 17	☽♈	
	11 35	☽☌♂	B
	17 44	☽⊻♆	g
	23 46	☽⊻☿	g
	23 49	☽#♀	G
13	01 06	☽☌♅	B
We	03 52	☽✱♃	G
	06 03	☽#☿	G
	08 02	☽□♇	B
	18 48	☉Q♇	
	21 31	☽∠♆	b
	23 53	☽⊻♀	g
14	02 42	☽∠☿	b
Th	04 33	☽#♆	D
	07 28	☽⊻☉	g
	08 06	☉#♅	
	08 10	☽∠♃	b
	17 02	☽#♄	B
	19 08	☽♉	
	23 10	☽⊻♂	g
15	02 08	☽✱♆	G
Fr	06 39	☽✱☿	G
	07 42	☽∠♀	b
	10 02	☽⊻♅	g
	13 19	☽⊻♃	g
	14 51	☽∠☉	b
	16 27	☽☍♄	B
	17 11	☽△♇	G
16	06 25	☽∠♂	b
Sa	09 50	☉⚼♄	
	15 43	☽∠♅	b
	16 35	☽✱♀	G
	20 01	♀Q♇	
	22 56	☽⚼♇	b
	23 11	☽✱☉	G
17	01 04	♂⊻♆	
Su	06 09	☽♊	
	13 39	☽□♆	B
	14 29	☽✱♂	G
	16 55	☽#♇	D
	17 30	☽□☿	B
	18 56	☉#♂	
	20 03	☿ Stat	
	21 59	☽✱♅	G
18	01 48	☽☌♃	G
Mo	04 52	☉Q♃	
	13 17	♂±♄	
	19 33	♀⚼♄	
19	10 29	☽⚼♄	b

Day	Time	Aspect	
Tu	12 18	☽□♀	B
	15 31	♀#♅	
	17 27	☽□☉	B
	18 20	☿⊻♂	
	18 55	☽♋	
20	02 39	☽△♆	G
We	02 52	☽#♇	D
	06 54	☽△☿	G
	07 32	☽□♂	B
	11 02	☉♈	
	11 05	☽□♅	B
	14 28	♀Q♃	
	15 19	☽⊻♃	g
	16 41	☽△♄	G
	17 56	♀#♂	
	18 02	☽☍♇	B
21	08 51	☽⚼♆	b
Th	13 41	☽⚼☿	b
	21 34	☽∠♃	b
22	03 15	♀♈	
Fr	06 50	☽♌	
	07 14	☽△♀	G
	10 41	☽△☉	G
	17 28	♂∥♅	
	18 17	♂☌♅	
	20 05	☉#♀	
	22 38	☽△♅	G
	22 54	☽△♂	G
23	03 05	☽✱♃	G
Sa	03 28	☽□♄	B
	04 22	☽#♄	B
	15 18	☽⚼♀	b
	16 45	☽#♆	D
	17 56	☽⚼☉	b
24	02 32	☽#☿	G
Su	02 51	♃⊽♄	
	03 13	☽⚼♅	b
	05 10	☽⚼♂	b
	09 19	☽⚼♇	b
	10 59	☉⊻♆	
	15 49	☽♍	
	23 08	☽☍♆	B
25	01 17	☉±♄	
Mo	04 15	♂⊥♆	
	06 38	☽☍☿	B
	08 22	♀⊻♆	
	09 50	☽∥♂	B
	11 01	☽✱♄	G
	11 31	☽□♃	B
	12 46	☽△♇	G
	13 34	☿⊻♅	
	13 54	☽∥♅	B
	17 03	☽∥☉	G
	18 26	♀±♄	
	20 32	♂⊽♄	
26	00 20	☽∥♀	G
Tu	07 55	☽#♀	G
	10 26	♂✱♃	
	13 36	☽∠♄	b
	16 12	☽#☉	G
	17 29	☽#♅	B
	21 32	☽♎	
	23 47	☽#♂	B
27	03 47	♂□♇	
We	08 27	☉∥♅	
	08 49	☽☍♀	B
	09 27	☽☍☉	B
	12 05	☽☍♅	B
	15 33	☽⊻♄	g

Day	Time	Aspect	
	16 50	☽△♃	G
	17 27	☽□♇	B
	18 14	☽☍♂	B
28	00 52	☽∥☿	G
Th	06 24	☽⚼♆	b
	09 48	☿△♄	
	11 06	☽∥♆	D
	17 05	☉☌♀	
	17 31	☽⚼☿	b
	18 41	☽⚼♃	b
	21 45	☽∥♄	B
	23 01	♀☌♅	
29	00 38	☉☌♅	
Fr	00 53	☽♏	
	07 51	☽△♆	G
	16 56	☿□♃	
	18 13	☽☌♄	B
	18 34	☿✱♇	
	20 18	☽✱♇	G
	20 25	☽△☿	G
30	02 19	♃⚻♇	
Sa	05 15	♀∥♅	
	07 24	♀⊥♆	
	09 14	♀⚻♄	
	16 29	☽⚼♅	b
	17 36	☉⊥♆	
	18 58	☉⚻♄	
	19 15	☽⚼☉	b
	20 14	☽⚼♀	b
	21 26	☽∠♇	b
31	02 27	☽⚼♂	b
Su	03 13	☽♐	
	10 12	♀□♇	
	10 15	☽□♆	B
	13 26	☽∥♇	D
	14 49	♀✱♃	
	17 41	☽△♅	G
	20 14	☽⊻♄	g
	22 14	☽△☉	G
	22 34	☽⊻♇	g
	23 03	☽☍♃	B
	23 44	☽△♀	G
APRIL			
1	02 13	☽□☿	B
Mo	03 05	☉□♇	
	05 00	☽△♂	G
	12 24	☉✱♃	
	21 20	☽∠♄	b
2	05 35	☽♑	
Tu	10 47	☽∥♇	D
	12 48	☽✱♆	G
	20 25	☽□♅	B
	22 35	☽✱♄	G
3	01 10	☽☌♇	D
We	04 37	☽□☉	B
	07 13	☽□♀	B
	08 57	☽✱☿	G
	10 35	☽□♂	B
	14 20	☽∠♆	b
4	04 11	☽⚼♃	b
Th	08 41	☽♒	
	12 54	☽∠☿	b
	16 09	☽⊻♆	g
	23 25	☿#♂	
5	00 02	☽✱♅	G
Fr	01 48	☽□♄	B
	04 42	☽⊻♇	g
	05 11	☽∥♄	B
	06 26	☽△♃	G
	12 11	☽✱☉	G
	15 47	☽∥♆	D
	16 00	☽✱♀	G
	17 21	☽⊻☿	g
	17 22	☽✱♂	G
	17 41	☿⊻♂	
	19 20	☉#☿	
6	02 20	☽∠♅	b
Sa	03 33	☿#♀	
	06 57	☽∠♇	b
	10 41	♂∠♆	
	10 50	☽#♂	B
	13 00	☽♓	
	13 23	☽#☉	G
	14 26	☽#♀	G
	16 36	☽∠☉	b
	16 49	☽∥☿	G
	17 55	♀∠♆	
	20 48	☽☌♆	D
	21 05	☽∠♀	b
	21 23	☽∠♂	b
7	04 58	♀☌♂	
Su	05 01	☽⊻♅	g
	06 21	☽△♄	G
	08 56	☽#♅	B
	09 37	☽✱♇	G
	12 06	☽□♃	B
	21 35	☽⊻☉	g
8	01 56	☽⊻♂	g
Mo	02 46	☽⊻♀	g
	04 10	☽☌☿	G
	09 18	☽⚼♄	b
	11 33	☉∥♀	
	16 15	☽∥♅	B
	19 02	☽♈	
9	02 52	☽#☿	G
Tu	03 16	☽⊻♆	g
	03 55	☉∠♆	
	11 56	☽☌♅	B
	12 05	☿Q♇	
	16 29	☽□♇	B
	19 18	☽∥☉	G
	19 50	☽✱♃	G
	20 16	☽∥♀	G
	20 50	☽∥♂	B
10	05 29	☿⚼♄	
We	07 21	☽∠♆	b
	07 24	♀∥♂	
	09 35	☽☌☉	D
	10 58	☽#♆	D
	13 02	☽☌♂	B
	16 25	☽☌♀	G
	18 19	☽⊻☿	g
	21 57	☽#♄	B
11	00 40	☽∠♃	b
Th	03 22	☽♉	
	12 06	☽✱♆	G
	21 18	☽⊻♅	g
	21 36	☽☍♄	B
12	01 48	☽△♇	G
Fr	02 55	☽∠☿	b
	06 10	☽⊻♃	g
	19 31	♇Stat	
	19 58	☿#♅	
	22 55	☉∥♂	
13	00 48	☽⊻☉	g
Sa	02 56	☽∠♅	b
	03 10	☽⊻♂	g
	03 29	♄⚻♅	
	07 24	☽⚼♇	b
	09 29	☽⊻♀	g
	12 30	☽✱☿	G
	14 13	☽♊	
	23 25	☽□♆	B
14	02 37	☿♈	
Su	03 33	☽#♇	D
	09 07	☽✱♅	G
	09 29	☽∠☉	b
	11 14	☽∠♂	b
	17 18	♀∠♃	
	18 57	☽☌♃	G
	19 07	☽∠♀	b
	20 55	♀#♆	
15	07 25	♀♉	
Mo	14 59	☽⚼♄	b
	18 30	☿Q♃	
	18 36	☽✱☉	G
	19 41	☽✱♂	G
16	02 49	☽♋	
Tu	04 51	☿±♄	
	05 05	☽✱♀	G
	07 33	☽#♇	D
	09 48	☽□☿	B
	12 18	☽△♆	G
	18 52	☉#♆	
	21 14	☽△♄	G
	22 12	☽□♅	B
17	02 18	☽☍♇	B
We	05 14	☿⊻♆	
	08 45	☽⊻♃	g
	18 32	♂#♆	
	18 40	☽⚼♆	b
18	00 20	☉☌♂	
Th	06 14	♀#♄	
	08 53	♃±♄	
	12 16	☽□♂	B
	12 31	☽□☉	B
	15 13	☽☊	
	15 15	☽∠♃	b
19	00 16	☽□♀	B
Fr	03 15	♀✱♆	
	06 54	☽△☿	G
	08 44	☽□♄	B
	10 18	☽△♅	G
	12 16	☽∥♀	G
	16 25	☽#♄	B
	19 39	☽∥☉	G
	20 16	☿⚻♄	
	21 06	☽✱♃	G
	22 03	☉♉	
	22 44	☽∥♂	B
20	02 47	☽#♆	D
Sa	06 10	☉∠♃	
	09 20	☿☌♅	
	11 48	♂♉	
	15 16	☽⚼♅	b
	16 08	☽⚼☿	b
	18 42	☽⚼♇	b
21	00 25	☿⊥♆	
Su	01 08	☽♍	
	01 58	☽△♂	G
	02 33	☉#♄	
	03 22	☽△☉	G
	04 04	♂∠♃	
	10 03	☽☍♆	B
	11 46	☿□♇	
	15 42	☽△♀	G
	17 17	☽✱♄	G
	19 54	☽∥♅	B
	22 30	☽△♇	G
	23 19	☽∥☿	G
22	06 02	☽□♃	B
Mo	07 11	☽⚼♂	b
	07 43	♀☍♄	
	09 04	☽⚼☉	b
	20 12	☽∠♄	b
	21 31	☽⚼♀	b
	21 42	☿∥♅	
23	02 28	♂#♄	
Tu	06 13	☽#♅	B
	07 25	☽♎	
	07 40	♀⊻♅	
	07 43	☽#☿	G
	08 20	♀⊥♃	
	22 14	☽⊻♄	g
24	00 37	☽☍♅	B
We	03 23	☽□♇	B
	03 25	☿✱♃	
	11 13	☽△♃	G
	12 12	☽☍☿	B
	15 43	♀△♇	
	17 29	☽⚼♆	b
	19 17	☽∥♆	D
	21 58	☉✱♆	
25	03 40	☽∥♄	B
Th	07 26	☽#♂	B
	10 25	☽♏	
	12 42	☽⚼♃	b
	13 10	☽#☉	G
	16 52	☽☍♂	B
	18 31	☽△♆	G
	19 57	☽●☉	B
26	00 17	☽☌♄	B
Fr	02 05	☽#♀	G
	05 27	☽✱♇	G
	06 52	☿∠♆	
	08 56	☽☍♀	B
27	01 46	♂✱♆	
Sa	03 35	☽⚼♅	b
	05 54	☽∠♇	b
	11 32	☽♐	
	19 32	☽□♆	B
	22 45	☽∥♇	D
28	00 39	☽⚼☿	b
Su	00 54	☽⊻♄	g
	04 01	☽△♅	G
	06 14	☽⊻♇	g
	08 27	☉☍♄	
	09 34	♀⊥♅	
	15 08	☽☍♃	B
	22 07	☽⚼♂	b
29	00 56	♀Q♆	
Mo	01 10	☽∠♄	b
	02 27	☽⚼☉	b
	03 51	♀⊻♃	
	04 37	☽△☿	G
	12 21	☽♑	
	15 35	☽∥♇	D
	16 55	☽⚼♀	b
	20 32	☽✱♆	G
30	00 01	☽△♂	G
Tu	01 39	☽✱♄	G
	04 50	☽△☉	G
	05 16	☽□♅	B
	07 19	☽☌♇	D
	11 27	☉⊻♅	
	20 05	☽△♀	G
	21 28	☽∠♆	b
	22 20	☽#♀	G
MAY			
1	05 12	♂☍♄	
We	14 02	☽#☉	G
	14 07	☽□☿	B
	14 19	☽♒	
	15 37	☿♉	
	17 36	☉△♇	
	18 50	☽⚼♃	b
	22 02	☽#♂	B
	22 06	☉⊥♃	
	22 52	☿#♆	
	22 52	☽⊻♆	g
2	03 51	☽□♄	B
Th	05 15	☽□♂	B
	08 04	☽✱♅	G
	10 00	☽⊻♇	g
	11 14	☽□☉	B
	14 05	☽∥♄	B
	18 13	☽#☿	G
	21 05	☽△♃	G
	22 06	☽∥♆	D
3	03 09	☿∠♃	
Fr	04 24	☽□♀	B
	10 19	☽∠♅	b
	12 11	☽∠♇	b
	13 46	☿#♄	
	18 25	☽♓	
4	03 16	☽✱☿	G
Sa	03 27	☽☌♆	D
	04 31	☿✱♆	
	08 18	☽△♄	G
	11 10	☽#♅	B
	13 11	☽✱♂	G
	13 13	☽⊻♅	g
	13 56	♂⊻♅	
	15 00	☽✱♇	G
	20 33	☽✱☉	G
5	03 32	☽□♃	B
Su	11 12	☿☍♄	
	11 29	☽⚼♄	b
	11 32	☽∠☿	b
	16 00	☽✱♀	G
	18 17	☽∠♂	b
	21 29	♂△♇	
6	00 22	♀∠♅	
Mo	01 03	☽♈	
	01 07	☽∥♅	B
	02 25	☽∠☉	b
	10 36	☽⊻♆	g
	17 42	♀⚼♇	
	20 57	☿⊻♅	
	20 57	☽☌♅	B
	20 57	☽⊻☿	g
	22 33	☽□♇	B
	23 05	☽∠♀	b
7	00 02	☉⊥♅	
Tu	00 08	☽⊻♂	g
	06 34	☿△♇	
	09 04	☽⊻☉	g
	12 40	☽✱♃	G
	12 47	☉Q♆	
	15 05	☽∠♆	b
	16 04	☽#♆	D
	21 53	♂⊥♃	
	23 49	☿⊥♃	

Date	Time	Aspect	
8 We	00 13	☽#♄	B
	00 33	☿☌♂	
	05 10	♀#♇	
	06 58	☽⊻♀	g
	10 09	☽♉	
	16 47	☿∥♂	
	18 10	☽∠♃	b
	20 09	☽⚹♆	G
9 Th	00 36	☽☍♄	B
	07 05	☽⊻♅	g
	08 27	☽△♇	G
	09 49	☽∥♂	B
	13 52	☽•♂	B
	15 03	♀♊	
	15 06	☽∥☿	G
	18 18	☿⊥♅	
	19 06	☽•☿	G
	20 12	☉⊻♃	
	22 59	☿Q♆	
10 Fr	00 12	☽⊻♃	g
	00 28	☽•●	D
	03 29	☽∥☉	G
	12 54	☽∠♅	b
	14 09	☽⚼♇	b
	21 21	☽♊	
11 Sa	00 49	☽☌♀	G
	02 22	☿⊻♃	
	07 44	☽□♆	B
	11 34	☽#♇	D
	17 15	☉∥☿	
	19 07	☽⚹♅	G
	21 10	☉☌☿	
12 Su	05 48	☽⊻♂	g
	13 32	☽☌♃	G
	17 59	☽⚼♄	b
	18 03	☽⊻☉	g
	20 40	☽⊻☿	g
13 Mo	07 37	♂⊥♅	
	09 57	☽♋	
	13 34	☽#♇	D
	14 13	☽∠♂	b
	17 44	♂Q♆	
	17 54	☽∥☿	G
	20 30	☽⊻♀	g
	20 32	☽△♆	G
	20 47	♀□♆	
	23 28	♀±♇	
	23 53	☿∠♅	
14 Tu	00 14	☿#♇	
	00 15	☽△♄	G
	03 12	☽∠☉	b
	04 26	☿⚼♇	
	08 10	☽□♅	B
	08 24	☽∥☉	G
	08 58	☽☍♇	B
	10 00	☽∠☿	b
	22 38	☽⚹♂	G
15 We	02 57	☽⚼♆	b
	03 31	☽⊻♃	g
	03 50	☽∥♂	B
	06 24	☽∠♀	b
	06 54	♀⊼♄	
	12 14	☽⚹☉	G
	20 41	☿♊	
	22 38	☽♌	
	23 03	☽⚹☿	G
16 Th	10 11	☽∠♃	b
	12 21	☽□♄	B
	15 52	☽⚹♀	G
	18 55	☉∠♅	
	20 39	☽△♅	G
17 Fr	01 00	☉⚼♇	
	04 27	☽#♄	B
	11 45	☽#♆	D
	14 15	☽□♂	B
	16 17	☽⚹♃	G
18 Sa	02 05	☽⚼♅	b
	02 25	☽⚼♇	b
	04 35	☽□☉	B
	07 19	☿□♆	
	07 31	☿±♇	
	09 33	☽♍	
	10 31	☿∥♀	
	16 40	♀⚹♅	
	17 17	☉#♇	
	19 16	♀⊼♇	
	19 35	☽☍♆	B
	22 02	☽□☿	B
	22 18	☽⚹♄	G
	23 33	☿⊼♄	
19 Su	01 52	☽∥♅	B
	06 52	☽△♇	G
	08 06	☽□♀	B
	09 54	☿∥♃	
	14 40	♂⊻♃	
	21 58	♀±♄	
20 Mo	01 55	☽□♃	B
	02 00	☽∠♄	b
	02 23	☽△♂	G
	05 21	♃⚼♄	
	16 48	☽△☉	G
	17 07	☽♎	
	18 36	☽#♅	B
	21 09	☉♊	
	23 02	♅□♇	
21 Tu	00 47	♀∥♃	
	03 38	☿⊼♇	
	03 46	☿⚹♅	
	04 45	☽⊻♄	g
	06 45	☽⚼♂	b
	12 55	☽□♇	B
	12 59	☽☍♅	B
	14 33	☽△☿	G
	18 41	☿±♄	
	19 24	☽△♀	G
	21 07	☽⚼☉	b
22 We	04 33	☽⚼♆	b
	04 48	☽∥♆	D
	07 35	☽△♃	G
	10 34	☽∥♄	B
	15 16	♅⊥♆	
	20 22	☽⚼☿	b
	20 55	☽♏	
	23 13	☽⚼♀	b
23 Th	05 45	☽△♆	G
	07 34	☽☌♄	B
	09 04	☽⚼♃	b
	15 25	☽⚹♇	G
24 Fr	13 55	☽☍♂	B
	15 41	☽∠♇	b
	16 02	☽⚼♅	b
	21 49	☽♐	
	23 28	☽#♂	B
	23 54	☿☌♀	
25 Sa	04 25	☽☍☉	B
	06 19	☽□♆	B
	07 51	☽⊻♄	g
	09 29	☽∥♇	D
	15 35	☽⊻♇	g
	16 01	☽△♅	G
26 Su	01 36	♂⚼♇	
	05 35	☉±♇	
	06 03	☿⚼♄	
	06 16	☽☍♀	B
	07 33	☽∠♄	b
	07 46	☽☍☿	B
	10 22	☽☍♃	B
	10 26	☉□♆	
	12 09	♂∠♅	
	21 28	♀⚼♄	
	21 28	☽♑	
27 Mo	00 07	☽∥♇	D
	04 13	☽#♂	B
	05 58	☽⚹♆	G
	07 16	☉⊼♄	
	07 18	☽⚹♄	G
	07 56	☿☌♃	
	11 50	☿Q♅	
	15 12	☽☌♇	D
	15 50	☽□♅	B
	17 09	☽⚼♂	b
28 Tu	06 04	☽∠♆	b
	09 04	☽⚼☉	b
	11 00	♂#♇	
	18 40	☽△♂	G
	19 29	♀☌♃	
	19 39	♀Q♅	
	20 33	♃Q♅	
	21 48	☽♒	
29 We	06 38	☽⊻♆	g
	07 47	☽□♄	B
	11 27	☽△☉	G
	12 12	☽⚼♃	b
	13 28	☽⚼♀	b
	16 10	☽⊻♇	g
	17 01	☽⚹♅	G
	18 31	☽⚼☿	b
30 Th	00 20	☽∥♄	B
	05 26	☽∥♆	D
	14 00	☽△♃	G
	17 21	☽△♀	G
	17 39	☽∠♇	b
	18 38	☽∠♅	b
	23 37	☽△☿	G
	23 57	☽□♂	B
31 Fr	00 30	☽♓	
	04 20	☿⊻♂	
	07 07	☿♋	
	09 54	☽☌♆	D
	10 39	♂♊	
	10 54	☽△♄	G
	14 48	☽#♅	B
	18 58	☽□☉	B
	19 58	☽⚹♇	G
	21 05	☽⊻♅	g
JUNE			
1 Sa	08 40	☉⊼♇	
	13 44	☽⚼♄	b
	20 18	☽□♃	B
2 Su	01 46	☉⚹♅	
	04 30	☽□♀	B
	05 01	☉±♄	
	06 33	☽♈	
	09 08	☽⚹♂	G
	09 16	☽∥♅	B
	13 07	☽□☿	B
	16 36	☽⊻♆	g
3 Mo	02 13	♀♋	
	03 12	☽□♇	B
	04 39	☽☌♅	B
	06 47	☽⚹☉	G
	15 13	☽∠♂	b
	19 17	☿△♆	
	21 11	☽∠♆	b
	21 22	☽#♆	D
4 Tu	01 22	☿△♄	
	02 40	☽#♄	B
	06 09	☽⚹♃	G
	14 09	☽∠☉	b
	15 53	☽♉	
	20 04	☽⚹♀	G
	22 09	☽⊻♂	g
5 We	02 26	☽⚹♆	G
	03 03	☽☍♄	B
	06 30	☽⚹☿	G
	12 09	☽∠♃	b
	13 25	☽△♇	G
	15 11	☽⊻♅	g
	22 17	☽⊻☉	g
6 Th	05 06	☽∠♀	b
	16 05	☽∠☿	b
	18 38	☽⊻♃	g
	18 54	♀⊻♂	
	19 18	☽⚼♇	b
	21 13	☽∠♅	b
7 Fr	03 32	☽♊	
	07 34	♂±♇	
	08 24	♆Stat	
	11 46	♀△♆	
	13 45	☽☌♂	B
	14 22	☽□♆	B
	14 40	☽⊻♀	g
	15 23	♀△♄	
	19 00	☽#♇	D
	22 03	☿☍♇	
	23 57	♂□♆	
8 Sa	01 53	☽⊻☿	g
	03 33	☽⚹♅	G
	05 18	♂⊼♄	
	15 56	☽☌☉	D
	18 47	☿□♅	
	19 16	☿⊥♂	
	20 59	☽⚼♄	b
9 Su	08 29	☽☌♃	G
	16 16	☽♋	
	19 30	☽#♇	D
	22 07	☿∥♀	
10 Mo	03 10	☽△♆	G
	03 19	☽△♄	G
	06 26	☽⊻♂	g
	10 28	☽☌♀	G
	14 12	☽☍♇	B
	16 34	☽□♅	B
	21 15	☽☌☿	G
11 Tu	03 53	☉⚼♄	
	09 33	☽⚼♆	b
	10 07	☽⊻☉	g
	14 43	☽∠♂	b
	22 08	♀☍♇	
	22 26	☽⊻♃	g
	23 26	♄△♆	
12 We	04 58	☽♌	
	05 21	☉∥♃	
	15 41	☽□♄	B
	18 55	☽∠☉	b
	22 44	☽⚹♂	G
	22 49	♀□♅	
13 Th	05 04	☽△♅	G
	05 04	☽∠♃	b
	05 45	☽⊻♀	g
	14 29	☽#♄	B
	14 53	☽⊻☿	g
	19 09	☽#♆	D
	23 10	☉∥☿	
14 Fr	03 13	☽⚹☉	G
	06 07	☿∥♃	
	08 05	☽⚼♇	b
	10 44	☽⚼♅	b
	11 14	☽⚹♃	G
	14 30	☽∠♀	b
	16 26	☽♍	
	22 31	☽∠☿	b
15 Sa	00 35	☉Q♅	
	02 36	☽⚹♄	G
	02 49	☽☍♆	B
	07 38	☽∥♅	B
	13 04	☽□♂	B
	13 05	☽△♇	G
	13 19	♂⊼♇	
	22 34	☽⚹♀	G
16 Su	05 06	☽⚹☿	G
	06 39	♂±♄	
	07 06	☽∠♄	b
	17 24	☽□☉	B
	19 32	☿∥♂	
	21 26	☽□♃	B
17 Mo	01 19	☽♎	
	05 17	☽#♅	B
	10 46	☽⊻♄	g
	15 20	♂⚹♅	
	20 39	☽□♇	B
	23 02	☿⚼♆	
	23 23	☽☍♅	B
	23 49	☽△♂	G
18 Tu	10 06	♀⊥♂	
	11 05	☽□♀	B
	13 53	☽⚼♆	b
	14 34	☽□☿	B
	14 38	☽∥♆	D
	18 25	☽∥♄	B
19 We	00 27	☉∥♀	
	03 14	☽△☉	G
	03 34	☽⚼♂	b
	03 55	☽△♃	G
	06 38	☽♏	
	15 20	☽☌♄	B
	15 44	☽△♆	G
	16 11	☉☌♃	
	18 11	♀⚼♆	
20 Th	00 36	☽⚹♇	G
	05 44	☽⚼♃	b
	06 28	☽⚼☉	b
	08 58	♀∥♃	
	18 49	☽△♀	G
	19 16	☽△☿	G
21 Fr	01 19	☽∠♇	b
	02 57	☿☌♀	
	04 02	☽⚼♅	b
	05 04	☉♋	
	08 31	☽♐	
	16 38	☽⊻♄	g
	17 04	☽□♆	B
	20 12	☽⚼☿	b
	21 14	☽⚼♀	b

Day	Time	Aspect	
	22 22	☽∥♇	D
22 Sa	00 39	♀∥♂	
	01 25	☽⊻♇	g
	04 09	☽△♅	G
	09 14	☽☍♂	B
	16 26	☽∠♄	b
23 Su	07 08	☽☍♃	B
	08 08	☽♑	
	09 48	☽∥♇	D
	11 32	☽☍☉	B
	15 58	☽✱♄	G
	16 28	☽✱♆	G
24 Mo	00 37	☽☌♇	D
	03 27	☽□♅	B
	12 45	☿⊥♂	
	16 02	☽∠♆	b
	20 19	☽☍☿	B
25 Tu	02 24	☽☍♀	B
	07 26	☽♒	
	11 38	☽⚼♂	b
	11 46	☿#♇	
	15 22	☽□♄	B
	15 54	☽⊻♆	g
	20 36	♂∥♃	
26 We	00 13	☽⊻♇	g
	01 40	♃♋	
	03 18	☽✱♅	G
	07 44	☽⚼♃	b
	09 12	☉△♄	
	11 16	☽∥♄	B
	13 08	☿ Stat	
	13 08	☽△♂	G
	14 32	☽∥♆	D
	16 12	☽⚼☉	b
	17 48	☉△♆	
27 Th	00 50	☽∠♇	b
	02 38	♀±♆	
	04 05	☽∠♅	b
	04 47	☉∥♂	
	08 32	☽♓	
	09 02	☽△♃	G
	16 52	☽△♄	G
	17 03	♀☊	
	17 28	☽☌♆	D
	19 13	☽△☉	G
	21 45	☽#♅	B
	22 14	☽⚼☿	b
28 Fr	02 12	♀⊻♃	
	02 17	☽✱♇	G
	05 43	☽⊻♅	g
	12 00	☽⚼♀	b
	18 32	♂⚼♄	
	18 56	☽⚼♄	b
	18 58	☽□♂	B
29 Sa	00 16	☽△☿	G
	03 02	☉∥♃	
	13 06	☽♈	
	14 35	☽□♃	B
	17 35	☽△♀	G
	17 55	☽∥♅	B
	22 43	☽⊻♆	g
30 Su	04 54	☽□☉	B
	08 10	☽□♇	B
	12 03	☽☌♅	B
JULY			
1 Mo	02 51	☽∠♆	b
	04 38	☽#♆	D
	05 27	☽✱♂	G

Day	Time	Aspect	
	06 48	☽□☿	B
	08 14	☽#♄	B
	17 03	♀□♄	
	21 43	☽♉	
	21 54	☿⊻♂	
2 Tu	00 06	☉☍♇	
	00 12	♀⚻♆	
	00 21	☽✱♃	G
	07 11	☽☍♄	B
	07 54	☽✱♆	G
	08 45	☽□♀	B
	12 20	☽∠♂	b
	17 53	☽△♇	G
	19 26	☽✱☉	G
	22 10	☽⊻♅	g
3 We	06 32	☽∠♃	b
	15 51	☽✱☿	G
	20 01	☽⊻♂	g
	20 41	☽∥☿	G
	23 46	☽⚼♇	b
4 Th	04 01	☽∠☉	b
	04 13	☽∠♅	b
	04 25	♀⊥♃	
	06 22	☉□♅	
	09 09	♀#♇	
	09 22	☽♊	
	13 16	☽⊻♃	g
	19 49	☽□♆	B
	20 50	☽∠☿	b
	23 49	☽∥♀	G
5 Fr	03 37	☽✱♀	G
	05 08	☽#♇	D
	10 08	♂Q♅	
	10 36	☽✱♅	G
	13 03	☽⊻☉	g
	15 08	♀∠♂	
	19 03	☿⚼♆	
6 Sa	01 33	☽⚼♄	b
	01 54	☽⊻☿	g
	02 43	♀⚻♇	
	12 30	☽☌♂	B
	13 34	☽∠♀	b
	22 14	☽♋	
	22 56	☽#♇	D
7 Su	03 21	☽☌♃	G
	08 00	☽△♄	G
	08 39	☽△♆	G
	18 48	☽☍♇	B
	22 28	☽∥♀	G
	23 27	☽⊻♀	g
	23 32	☽□♅	B
8 Mo	00 14	♀△♅	
	05 11	♄ Stat	
	07 14	☽☌☉	D
	11 44	☽•☿	G
	12 51	☽∥☿	G
	14 57	☽⚼♆	b
9 Tu	04 52	☽⊻♂	g
	10 48	☽☊	
	17 00	☽⊻♃	g
	18 41	☉☌☿	
	20 27	☽□♄	B
10 We	11 44	☽△♅	G
	12 37	☽∠♂	b
	18 18	☽☌♀	G
	20 42	☽⊻☿	g
	21 27	☽#♄	B
	23 20	♀±♇	
	23 23	☽∠♃	b

Day	Time	Aspect	
11 Th	00 23	☽⊻☉	g
	01 01	☽#♆	D
	02 31	☿∥♀	
	11 08	☿⊻♀	
	12 31	☽⚼♇	b
	17 19	☽⚼♅	b
	19 54	☽✱♂	G
	22 12	☽♍	
12 Fr	00 47	☽∠☿	b
	05 20	☽✱♃	G
	05 54	☉⚼♆	
	07 36	☽✱♄	G
	08 03	☽☍♆	B
	08 14	☽∠☉	b
	13 36	☽∥♅	B
	17 39	☽△♇	G
13 Sa	04 30	☽✱☿	G
	07 53	♀∠♃	
	11 01	☽⊻♀	g
	12 29	☽∠♄	b
	13 22	♂♋	
	15 26	☽✱☉	G
14 Su	07 41	☽♎	
	08 42	☽□♂	B
	13 32	☽#♅	B
	15 32	☽□♃	B
	16 44	☽⊻♄	g
	18 12	☽∠♀	b
	21 28	☿⊥♀	
15 Mo	02 12	☽□♇	B
	06 54	☽☍♅	B
	10 38	☽□☿	B
	20 30	☽⚼♆	b
	23 55	☽∥♆	D
16 Tu	00 24	☽✱♀	G
	03 10	☽∥♄	B
	03 18	☽□☉	B
	14 24	☽♏	
	14 41	♀Q♄	
	18 14	☽△♂	G
	22 43	☽△♃	G
	23 00	☽☌♄	B
	23 10	☽△♆	G
17 We	07 46	☽✱♇	G
	07 48	☽#♀	G
	14 30	☽△☿	G
	17 20	♅ Stat	
	17 31	♃△♄	
	21 34	☽⚼♂	b
18 Th	00 14	♃△♆	
	01 01	☽⚼♃	b
	06 45	♀⚼♇	
	09 21	☽∠♇	b
	09 35	☽□♀	B
	11 13	☽△☉	G
	11 22	☽#☿	G
	13 46	☽⚼♅	b
	15 30	☽⚼☿	b
	17 54	☽♐	
19 Fr	02 03	☽⊻♄	g
	02 05	☽□♆	B
	10 10	☽⊻♇	g
	13 20	♄△♆	
	13 45	☽⚼☉	b
	14 00	☽∥♇	D
	14 31	☽△♅	G
20 Sa	02 31	☽∠♄	b
	11 11	♀⚼♅	
	15 00	☽△♀	G

Day	Time	Aspect	
	16 14	☽∥♇	D
	18 22	☿ Stat	
	18 39	☽♑	
	19 42	♂△♆	
	21 34	♂△♄	
21 Su	02 25	☽✱♆	G
	02 31	☽✱♄	G
	02 45	☽☍♂	B
	03 37	☽☍♃	B
	04 09	☿∠♀	
	10 13	☽☌♇	D
	11 53	☉±♆	
	12 07	☽#☿	G
	14 30	☽□♅	B
	15 53	☽☍☿	B
	16 51	☽⚼♀	b
22 Mo	00 11	☉⊻♀	
	02 07	☽∠♆	b
	07 35	♂☌♃	
	12 41	♀♍	
	15 56	☉♌	
	18 07	☽♒	
	18 16	☽☍☉	B
23 Tu	01 48	☽⊻♆	g
	02 02	☽□♄	B
	09 38	☽⊻♇	g
	12 30	☽#♀	G
	14 01	☽✱♅	G
	20 41	☉#♇	
	21 23	☽∥♄	B
24 We	00 27	☽∥♆	D
	04 10	☽⚼♃	b
	05 36	☽⚼♂	b
	09 46	☽∠♇	b
	14 16	☽∠♅	b
	16 53	☽⚼☿	b
	18 22	☽♓	
	23 12	☽☍♀	B
25 Th	02 19	☽☌♆	D
	02 44	☽△♄	G
	05 12	☽△♃	G
	07 29	☽△♂	G
	07 52	☽#♅	B
	10 32	☽✱♇	G
	14 13	☉∥☿	
	15 13	☽⊻♅	g
	18 43	☽△☿	G
26 Fr	00 58	☽⚼☉	b
	04 10	☽⚼♄	b
	12 08	♀☍♆	
	18 36	♀✱♄	
	20 51	♀#♄	
	21 29	☽♈	
27 Sa	03 23	☽∥♅	B
	05 13	☽△☉	G
	05 57	☽⊻♆	g
	10 00	☽□♃	B
	14 23	☽□♂	B
	14 49	☽□♇	B
	15 20	☉⚻♆	
	17 38	☿#♇	
	19 56	☽☌♅	B
	22 13	♀±♅	
	22 51	♂☍♇	
28 Su	01 05	☉□♄	
	01 55	♀#♆	
	02 19	☽□☿	B
	09 20	☽∠♆	b
	13 10	☽∥♀	G

Day	Time	Aspect	
	13 42	♀✱♃	
	14 05	☽⚼♀	b
	14 35	☽#♆	D
	18 20	☽#♄	B
29 Mo	04 43	☽♉	
	13 45	☽✱♆	G
	14 41	☽☍♄	B
	17 43	☽□☉	B
	19 12	☽✱♃	G
	21 48	☽△♀	G
	23 17	☽△♇	G
30 Tu	02 09	☽✱♂	G
	04 50	☽⊻♅	g
	12 52	♀△♇	
	15 58	☽✱☿	G
	17 46	☉⊻♃	
31 We	01 15	☽∠♃	b
	04 52	☽⚼♇	b
	08 18	☽∥☉	G
	09 35	☽∠♂	b
	10 34	☽∠♅	b
	15 42	☽♊	
AUGUST			
1 Th	00 46	☽∠☿	b
	01 03	☽□♆	B
	03 08	♂□♅	
	03 52	☿⚼♆	
	07 56	☽⊻♃	g
	10 33	☽✱☉	G
	16 06	☉⚻♇	
	16 17	☽□♀	B
	16 48	☽✱♅	G
	17 38	☽⊻♂	g
	21 28	♀⚻♅	
	22 34	☽#♇	D
2 Fr	08 51	☽⚼♄	b
	10 27	☽⊻☿	g
	19 41	☽∠☉	b
	19 55	☽#♇	D
	20 35	♀✱♂	
3 Sa	04 29	☽♋	
	13 48	☽△♆	G
	15 25	☽△♄	G
	21 55	☽☌♃	G
	23 47	☽☍♇	B
4 Su	04 46	☽⊻☉	g
	05 37	☽□♅	B
	10 05	☽☌♂	B
	11 58	☽✱♀	G
	15 05	☉△♅	
	20 02	☽⚼♆	b
5 Mo	01 26	☽∥☉	G
	06 49	☽☌☿	G
	16 58	☽☊	
	21 21	☽∠♀	b
6 Tu	03 54	☽□♄	B
	11 05	☽⊻♃	g
	17 29	☽△♅	G
	21 51	☽☌☉	D
7 We	01 19	☽⊻♂	g
	01 28	☽#♄	B
	05 56	☽#♆	D
	06 12	☽⊻♀	g
	14 16	☿±♆	
	17 02	☽∠♃	b
	17 09	☽⚼♇	b
	18 02	☉⊥♃	
	19 21	☉±♇	

Day	Time	Aspect	
	22 48	☽⚻♅	b
	23 46	♃☍♇	
8	02 39	☽⊻☿	g
Th	03 57	☽♍	
	08 12	☽∠♂	b
	12 13	☿☊	
	12 34	☽☍♆	B
	14 47	☽✱♄	G
	17 34	☽∥♀	G
	18 08	♀∠♄	
	20 29	☽∥♅	B
	22 06	☽△♇	G
	22 30	☽✱♃	G
9	12 01	☽∠☿	b
Fr	12 46	☽⊻☉	g
	14 32	☽✱♂	G
	17 44	♀∥♅	
	17 45	♀Q♃	
	19 33	☽∠♄	b
	22 05	☽☌♀	G
10	12 25	☿#♇	
Sa	13 08	☽♎	
	16 51	☽#♀	G
	18 29	♂∥♃	
	19 20	☽∠☉	b
	19 32	☽#♅	B
	20 53	☽✱☿	G
	23 51	☽⊻♄	g
11	00 10	☿⊽♆	
Su	06 36	☽□♇	B
	07 58	☽□♃	B
	11 59	☽☍♅	B
	16 16	♂⚻♆	
	18 04	☿□♄	
12	01 00	☽⚻♆	b
Mo	01 16	☽✱☉	G
	01 29	☽□♂	B
	08 28	☽∥♆	D
	10 01	☉⊻♂	
	11 20	☽⊻♀	g
	13 01	☽∥♄	B
	20 18	☽♏	
13	04 05	☽△♆	G
Tu	06 48	☽☌♄	B
	11 18	☽#☉	G
	12 39	☽□☿	B
	12 59	☽✱♇	G
	14 58	☿⊽♇	
	15 11	☽△♃	G
	16 50	☽∠♀	b
14	07 57	☿⊻♃	
We	09 47	☽△♂	G
	10 56	☽□☉	B
	15 16	☽∠♇	b
	17 49	☽⚻♃	b
	20 16	☽⚻♅	b
	21 30	☽✱♀	G
	23 26	☽#☿	G
15	01 04	☽♐	
Th	02 10	☿△♅	
	08 24	☽□♆	B
	11 18	☽⊻♄	g
	12 51	☽⚻♂	b
	16 55	☽⊻♇	g
	21 48	☽△♅	G
16	01 00	☽△☿	G
Fr	06 23	☿∠♀	
	08 05	☉⊥♀	
	12 38	☽∠♄	b
	15 15	☿±♇	
	15 37	♀♎	
	16 52	♀⊥♄	
	17 32	☽△☉	G
	19 03	☉Q♄	
17	00 18	☉⚻♇	
Sa	03 25	☽♑	
	04 28	☽□♀	B
	05 54	☽⚻☿	b
	10 21	☽✱♆	G
	13 26	☽✱♄	G
	16 04	☿⊥♃	
	18 34	☽☌♇	D
	19 52	☽⚻☉	b
	22 04	☽☍♃	B
	23 15	☽□♅	B
18	10 41	☽∠♆	b
Su	18 26	☽☍♂	B
	19 17	☽#☿	G
19	04 07	☽♒	
Mo	09 20	☽△♀	G
	10 50	☽⊻♆	g
	13 28	☉∠♃	
	14 10	☽□♄	B
	19 00	☽⊻♇	g
	22 35	☉⚻♅	
	22 46	☽#☉	G
	23 36	☽✱♅	G
20	03 53	♀⊽♆	
Tu	04 48	☽∥♄	B
	09 29	☽∥♆	D
	11 39	☽⚻♀	b
	18 17	☽☍☿	B
	19 16	☽∠♇	b
	23 49	☽⚻♃	b
	23 55	☽∠♅	b
21	01 24	☿⚻♇	
We	01 45	☽☍☉	B
	02 56	☿Q♄	
	04 43	☽♓	
	07 15	♃□♅	
	11 30	☽☌♆	D
	15 14	☽△♄	G
	19 33	☽#♅	B
	19 56	☽✱♇	G
	23 01	☽⚻♂	b
	23 29	☿⊻♂	
22	00 39	☽⊻♅	g
Th	00 55	☽△♃	G
	01 46	♀⊻♄	
	05 02	☽∥♀	G
	10 56	☿⚻♅	
	14 11	☿∠♃	
	16 32	☽⚻♄	b
	19 44	☉#♄	
	23 02	☉♍	
23	01 38	☽△♂	G
Fr	05 50	☽#♀	G
	07 13	☽♈	
	12 51	☽∥♅	B
	14 17	☽⊻♆	g
	22 17	☽☍♀	B
	22 36	☿♍	
	23 19	☽□♇	B
24	04 18	☽☌♅	B
Sa	05 25	☽□♃	B
	10 01	♀□♇	
	11 39	☽⚻☿	b
	12 25	☽⚻☉	b
	17 00	☽∠♆	b
	20 56	☉☌☿	
25	00 07	♂±♆	
Su	02 26	☽#♆	D
	02 49	☽∥☉	G
	03 17	♀±♆	
	06 51	☉#♆	
	07 17	♀Q♂	
	08 20	☽#♄	B
	10 01	☽□♂	B
	11 17	☽∥☿	G
	13 13	☽♉	
	18 17	☽△☉	G
	19 46	♀#♅	
	20 16	☽△☿	G
	20 43	☽✱♆	G
	23 12	☿☍♆	
26	00 59	☿#♄	
Mo	01 49	☽☍♄	B
	06 30	☽△♇	G
	11 01	☿⊥♂	
	11 48	☽⊻♅	g
	13 57	☽✱♃	G
	17 56	♀☍♅	
	22 44	☿±♅	
27	01 43	☉☍♆	
Tu	06 13	☿#♆	
	06 19	☿⊥♀	
	09 44	☿✱♄	
	11 32	☽⚻♇	b
	16 58	☽∠♅	b
	19 29	☽⚻♀	b
	19 41	☽∠♃	b
	21 53	♀□♃	
	22 58	☽✱♂	G
	23 08	☽♊	
28	02 05	♂☊	
We	06 57	☽□♆	B
	09 35	☽□☉	B
	14 52	☿△♇	
	17 49	☽□☿	B
	22 49	☽✱♅	G
	23 55	☉∥☿	
29	00 24	☉±♅	
Th	02 08	☽⊻♃	g
	04 44	☽△♀	G
	06 43	☽∠♂	b
	19 16	☽⚻♄	b
30	01 00	☿⊽♅	
Fr	05 18	☉✱♄	
	11 33	☽♋	
	14 50	☽⊻♂	g
	19 23	☽△♆	G
31	01 53	☽△♄	G
Sa	03 10	☿✱♃	
	03 34	☽✱☉	G
	05 58	☽☍♇	B
	07 28	☉⊥♂	
	11 23	☽□♅	B
	15 46	☽☌♃	G
	17 53	☽✱☿	G
	21 17	☿#♀	
SEPTEMBER			
1	00 06	☽□♀	B
Su	01 38	☽⚻♆	b
	08 46	☉△♇	
	12 29	☽∠☉	b
	15 20	♀⚻♆	
2	00 01	☽☊	
Mo	05 21	☽∠☿	b
	06 36	☽☌♂	B
	06 39	☉#♀	
	14 27	☽□♄	B
	17 35	☿∠♂	
	20 53	☽⊻☉	g
	23 09	☽△♅	G
3	00 00	♂⊽♆	
Tu	03 18	☽#♄	B
	04 25	☽⊻♃	g
	10 45	☽#♆	D
	15 56	☽⊻☿	g
	17 52	☽✱♀	G
	23 17	☽⚻♇	b
4	00 21	☽#♀	G
We	00 28	☉⊽♅	
	04 17	☽⚻♅	b
	09 55	☽∠♃	b
	10 38	☽∥☉	G
	10 43	☽♍	
	13 40	♂#♇	
	17 52	☽☍♆	B
	20 11	☽⊻♂	g
	21 42	☿∠♄	
	23 38	☿∥♅	
5	01 01	☽✱♄	G
Th	01 39	☽∠♀	b
	03 51	☿⊻♀	
	03 59	☽△♇	G
	04 55	☽∥♅	B
	06 06	☽∥☿	G
	11 36	☽☌☉	D
	14 49	☽✱♃	G
6	01 59	☽∠♂	b
Fr	05 27	☽∠♄	b
	08 40	☽⊻♀	g
	10 10	☽☌☿	G
	17 10	☽#☿	G
	19 12	☽♎	
7	00 29	☽#♅	B
Sa	07 11	☽✱♂	G
	09 21	☽⊻♄	g
	11 42	☽#☉	G
	11 49	☽□♇	B
	13 46	☉✱♃	
	13 55	☿Q♃	
	16 22	☽☍♅	B
	22 59	☽□♃	B
	23 36	☽⊻☉	g
8	05 17	☽⚻♆	b
Su	08 36	♀∥♆	
	16 37	♀Q♇	
	16 46	☽∥♆	D
	17 55	☽∥♀	G
	20 46	☽☌♀	G
9	00 27	☽∥♄	B
Mo	00 58	☽⊻☿	g
	01 44	☽♏	
	04 44	☽∠☉	b
	07 07	☿♎	
	08 10	☽△♆	G
	11 06	♂□♄	
	15 47	☽☌♄	B
	15 59	☽□♂	B
	17 48	☽✱♇	G
10	05 17	☽△♃	G
Tu	07 19	☽∠☿	b
	09 21	☽✱☉	G
	11 27	☿⊥♄	
	20 10	☽∠♇	b
11	00 16	♀∥♄	
We	00 21	☽⚻♅	b
	06 16	♀♏	
	06 36	☽♐	
	06 37	☽⊻♀	g
	06 39	♂⊽♇	
	07 48	☽⚻♃	b
	10 43	☿⊽♆	
	12 44	☽□♆	B
	13 01	☽✱☿	G
	16 55	☽#♂	B
	20 34	☽⊻♄	g
	22 10	☽⊻♇	g
	22 54	☽△♂	G
12	02 13	☽△♅	G
Th	10 47	☽∠♀	b
	17 08	☽□☉	B
	22 23	☽∠♄	b
	23 49	☉∥♅	
13	01 42	☽⚻♂	b
Fr	09 56	☽♑	
	14 29	☽✱♀	G
	15 49	☽✱♆	G
	22 40	☽□☿	B
	23 52	☽✱♄	G
14	01 04	☽☌♇	D
Sa	02 11	☽#♂	B
	04 55	☽□♅	B
	06 35	♀△♆	
	10 03	☉#☿	
	10 13	☿⊻♄	
	13 05	☽☍♃	B
	16 54	☽∠♆	b
	20 29	☿□♇	
	20 57	♂△♅	
	23 17	☽△☉	G
15	02 57	☿#♅	
Su	03 28	☿±♆	
	12 05	☽♒	
	17 48	☽⊻♆	g
	18 42	☽∥♀	G
	20 55	☽□♀	B
16	02 00	☽⚻☉	b
Mo	02 10	☽□♄	B
	03 01	☽⊻♇	g
	04 50	☉∠♄	
	06 41	☿☍♅	
	06 42	☽✱♅	G
	06 42	☽△☿	G
	08 03	☽∥♄	B
	08 19	☽☍♂	B
	16 15	☽∥♆	D
17	03 56	☽∠♇	b
Tu	07 17	☿✱♂	
	07 35	☽∠♅	b
	10 37	☽⚻☿	b
	13 58	☽♓	
	16 43	☽⚻♃	b
	19 38	☽☌♆	D
	20 29	☽∥☿	G
18	03 15	☽△♀	G
We	04 33	☽△♄	G
	05 04	☽✱♇	G
	06 50	☽#♅	B
	08 41	☽⊻♅	g
	17 42	☽#☉	G
	18 16	☽△♃	G

Day	Time	Aspect	
	20 53	♀☌♄	
19	01 51	♀✱♇	
Th	06 14	☽⚼♄	b
	07 00	☽⚼♀	b
	08 47	☽∥☉	G
	11 13	☽☍☉	B
	15 40	☽⚼♂	b
	16 58	☽♈	
	21 01	☽∥♅	B
	22 46	☽⚺Ψ	g
20	02 20	☿□♃	
Fr	08 41	☽□♇	B
	12 20	☽☌♅	B
	15 28	♇Stat	
	19 17	☽△♂	G
	19 18	☽#☿	G
	20 14	♂±♇	
	20 53	♀⚻♅	
	23 06	☽□♃	B
21	00 06	☿⚼Ψ	
Sa	01 17	☽∠Ψ	b
	01 25	☽☍☿	B
	05 45	♄✱♇	
	14 24	☽#Ψ	D
	22 33	☽♉	
22	00 30	☽#♄	B
Su	02 14	☉Q♃	
	04 37	☽✱Ψ	G
	12 05	♀#♂	
	15 16	☽△♇	G
	15 32	☽☍♄	B
	18 59	☽⚺♅	g
	20 44	☉♎	
	23 41	☽☍♀	B
23	03 07	☽⚼☉	b
Mo	05 25	☽□♂	B
	07 13	☽✱♃	G
	15 01	☽∥♂	B
	19 53	☽⚼♇	b
	23 37	☽∠♅	b
24	01 00	☽#♀	G
Tu	07 34	☽♊	
	10 36	☽△☉	G
	12 36	☽∠♃	b
	13 53	☽□Ψ	B
25	01 27	☽⚼☿	b
We	02 52	♂⚺♃	
	05 00	☽✱♅	G
	17 12	☿∥Ψ	
	18 41	☽⚺♃	g
	19 22	☽✱♂	G
	23 24	♀±♅	
26	02 51	☉⚻Ψ	
Th	07 14	☉∠♂	
	08 20	☽⚼♄	b
	11 08	☉⊥♄	
	11 21	☽△☿	G
	19 24	☽♋	
	21 01	♀△♃	
27	01 37	☽⚼♀	b
Fr	01 48	☽△Ψ	G
	03 15	☽∠♂	b
	03 55	☽□☉	B
	04 29	☽#♀	G
	04 59	☿Q♇	
	13 37	☽☍♇	B
	14 55	☽△♄	G
	17 11	☽□♅	B
28	07 52	☽☌♃	G
Sa	08 06	☽⚼Ψ	b
	11 08	☽△♀	G
	11 15	☽⚺♂	g
	12 59	☿∥♄	
	13 32	♀□♂	
	23 21	☽∥♂	B
29	02 38	♃⚼Ψ	
Su	07 30	☽□☿	B
	07 57	☽☊	
	11 38	☿♏	
	21 43	☽✱☉	G
	22 03	☽#☿	G
30	03 42	☽□♄	B
Mo	03 47	☽#♄	B
	05 11	☽△♅	G
	05 27	♀∥♇	
	16 21	☽#Ψ	D
	20 13	☽⚺♃	g

OCTOBER

Day	Time	Aspect	
1	02 03	☽☌♂	B
Tu	04 48	☽□♀	B
	05 46	☽∠☉	b
	07 20	☽⚼♇	b
	10 25	☽⚼♅	b
	18 52	☽♍	
	21 46	☿△Ψ	
	22 16	☉#♅	
2	00 43	☽☍Ψ	B
We	01 03	☽✱☿	G
	01 28	☉□♇	
	01 28	☽∠♃	b
	02 16	☉±Ψ	
	08 50	♀∠♇	
	12 03	☽△♇	G
	12 56	☽⚺☉	g
	13 35	☽#☉	G
	14 14	☽✱♄	G
	15 04	☽∥♅	B
3	03 16	☿Q♂	
Th	04 07	☿#♂	
	05 58	☽✱♃	G
	07 34	☉⚺♄	
	08 14	☽∠☿	b
	13 50	☽⚺♂	g
	14 12	☉☍♅	
	17 05	♀⚼♅	
	18 24	☽∠♄	b
	18 57	☽✱♀	G
4	02 59	☽♎	
Fr	05 58	☽#♅	B
	11 38	☽∥☉	G
	14 24	☽⚺☿	g
	16 16	☉∠♀	
	18 29	☽∠♂	b
	19 22	☽□♇	B
	21 52	☽⚺♄	g
	21 57	☽☍♅	B
5	00 35	☽☌☉	D
Sa	00 40	☽∠♀	b
	04 45	♄⚻♅	
	11 22	☽⚼Ψ	b
	12 50	☽□♃	B
	14 00	♂⚼♇	
	20 30	♀#♃	
	22 28	☽✱♂	G
6	01 35	☽∥Ψ	D
Su	05 37	☽⚺♀	g
	08 33	☽♏	
	13 44	☽△Ψ	G
	14 03	☽∥♄	B
7	00 12	☽☌☿	G
Mo	00 20	☽✱♇	G
	00 46	☽#♂	B
	01 57	☿✱♇	
	02 25	♂⊥♃	
	03 08	☽☌♄	B
	09 22	☽⚺☉	g
	17 33	☽△♃	G
	17 54	♀♐	
	18 01	♂⚼♅	
8	02 12	☽∠♇	b
Tu	03 58	☽∥☿	G
	04 24	☽⚼♅	b
	04 54	☽□♂	B
	07 11	☿⚻♅	
	12 21	☽♐	
	13 04	☽∠☉	b
	13 56	☽☌♀	G
	17 21	☽□Ψ	B
	19 24	☽⚼♃	b
	19 39	☿☌♄	
9	03 50	☽⚺♇	g
We	05 55	☽△♅	G
	06 58	☽⚺♄	g
	07 43	☽⚺☿	g
	16 30	☽✱☉	G
10	08 36	☽∠♄	b
Th	09 05	♀□Ψ	
	10 10	☽△♂	G
	10 59	☽∠☿	b
	13 21	♀⊥♇	
	15 17	☽♑	
	20 10	☽✱Ψ	G
	21 07	☽⚺♀	g
11	01 03	☉⚼Ψ	
Fr	04 34	☽∥☿	G
	06 40	☽☌♇	D
	08 33	☽□♅	B
	10 09	☽✱♄	G
	12 39	☽⚼♂	b
	14 03	☽✱☿	G
	17 40	♀⚼♃	
	21 29	☽∠Ψ	b
	23 02	☽□☉	B
12	00 04	☽☍♃	B
Sa	00 34	☽∠♀	b
	15 09	☉□♃	
	18 00	☽♒	
	22 50	☽⚺Ψ	g
13	04 04	☽✱♀	G
Su	07 17	☽#♂	B
	07 22	☽∥♄	B
	08 39	♂#♄	
	09 28	☽⚺♇	g
	11 11	☽✱♅	G
	13 21	☽□♄	B
	19 57	☽□☿	B
	20 55	☽∥Ψ	D
14	05 46	☽△☉	G
Mo	11 03	☽∠♇	b
	12 41	☽∠♅	b
	13 11	☽∥☉	G
	16 29	♂Q♄	
	20 28	☽☍♂	B
	21 06	☽♓	
	23 06	☿±♅	
15	01 56	☽☌Ψ	D
Tu	05 06	☽⚼♃	b
	09 29	☽⚼☉	b
	11 05	♂♍	
	11 39	☽□♀	B
	12 51	☽✱♇	G
	14 25	☽⚺♅	g
	16 19	☽#♅	B
	17 12	☽△♄	G
16	02 04	☽△☿	G
We	03 18	♀⚺♇	
	07 15	☽△♃	G
	19 37	☽⚼♄	b
	22 04	♀△♅	
17	01 17	☽♈	
Th	03 02	☽∥♅	B
	05 28	☽⚼☿	b
	06 14	☽⚺Ψ	g
	17 37	☽□♇	B
	19 01	☽☌♅	B
	20 35	☿∥♇	
	20 55	☽△♀	G
18	07 07	☽⚼♂	b
Fr	09 05	☽∠Ψ	b
	12 54	☽□♃	B
	16 26	☽#☉	G
	19 16	♀⚺♄	
	23 38	☽☍☉	B
19	00 40	☽#Ψ	D
Sa	02 32	☽⚼♀	b
	06 34	☽∥♂	B
	07 27	☽♉	
	11 53	☽△♂	G
	12 32	☽✱Ψ	G
	16 51	☽#♄	B
20	00 35	☽△♇	G
Su	01 50	☽⚺♅	g
	01 53	♂☍Ψ	
	06 10	☽☍♄	B
	11 02	☉Q♇	
	16 15	♀±♃	
	17 52	☽☍☿	B
	21 02	☽✱♃	G
21	05 05	☽⚼♇	b
Mo	06 15	☽∠♅	b
	10 28	☿Stat	
	16 14	☽♊	
	20 59	♂±♅	
	21 32	☽□Ψ	B
	23 47	☽□♂	B
22	02 08	☽∠♃	b
Tu	03 04	☿∥♇	
	07 50	☉∥Ψ	
	11 21	☽✱♅	G
	17 57	☉#♂	
	20 53	☽⚼☉	b
23	00 35	☽☍♀	B
We	06 10	☉♏	
	07 52	☽⚺♃	g
	10 36	♂#Ψ	
	22 49	☽⚼♄	b
24	03 36	☽♋	
Th	05 08	♂∠♃	
	05 33	☽△☉	G
	07 27	☿⚺♀	
	09 01	☽△Ψ	G
	09 13	☽⚼☿	b
	14 30	☽✱♂	G
	20 55	☿Q♂	
	22 20	☽☍♇	B
	23 09	☽□♅	B
25	05 13	♀⊥♄	
Fr	05 22	☽△♄	G
	14 17	☽△☿	G
	15 18	☽⚼Ψ	b
	20 31	☽☌♃	G
	22 25	☽∠♂	b
	22 40	☉△Ψ	
26	16 12	☽☊	
Sa	16 31	♀⚻♃	
	23 40	☽□☉	B
27	01 16	♀QΨ	
Su	03 41	☽#♄	B
	03 49	☽⚼♀	b
	06 13	☽⚺♂	g
	10 14	☽#☉	G
	11 29	☽△♅	G
	16 33	☿±♅	
	18 24	☽□♄	B
	19 57	☿⊥♀	
	22 56	☽□☿	B
	23 19	☽#Ψ	D
28	06 30	☽∥♂	B
Mo	08 50	☽⚺♃	g
	12 26	☽△♀	G
	16 44	☽⚼♇	b
	17 07	☽⚼♅	b
29	03 45	☽♍	
Tu	08 52	☽☍Ψ	B
	14 10	☽∠♃	b
	16 06	☽✱☉	G
	20 05	☽☌♂	B
	20 48	☿☌♄	
	21 49	☽△♇	G
30	02 16	☽∥♅	B
We	04 35	☽✱☿	G
	04 45	☉∥♄	
	05 24	☽✱♄	G
	18 39	☽✱♃	G
	22 52	☽∠☉	b
31	02 48	☽□♀	B
Th	06 10	☽∠☿	b
	09 37	☽∠♄	b
	10 49	♂△♇	
	12 22	☽♎	
	12 55	♂⚻♅	
	12 58	☽#♅	B
	23 47	☿∠♀	

NOVEMBER

Day	Time	Aspect	
1	04 31	☽⚺☉	g
Fr	05 26	☽□♇	B
	05 27	☽☍♅	B
	06 15	☽⚺♂	g
	06 59	☽⚺☿	g
	10 30	♅□♇	
	12 03	☿✱♂	
	12 57	☽⚺♄	g
	16 44	☉⚻♅	
	17 05	☉✱♇	
	20 00	☽⚼Ψ	b
	20 19	☉☌☿	
	22 44	☿✱♇	
	23 15	☽#♂	B
	23 15	☿⚻♅	
2	01 00	☽□♃	B
Sa	07 28	☉∥☿	
	09 52	☽∠♂	b
	11 29	☽∥Ψ	D

Day	Time	Aspect	
	12 47	☽⚹♀	G
	17 35	☽♏	
	22 05	☽△♆	G
3 Su	05 58	☽∥♄	B
	06 51	☽●☿	G
	06 57	☽∥☿	G
	08 49	☉⚹♂	
	09 48	☽⚹♇	G
	11 14	☿∥♄	
	12 42	☽⚹♂	G
	12 50	☽●●	D
	15 29	☽∥☉	G
	16 22	☽∠♀	b
	17 18	☽☌♄	B
4 Mo	04 23	☽△♃	G
	07 31	♀∠♄	
	10 48	☽⚼♅	b
	11 05	☽∠♇	b
	19 20	☽⚺♀	g
	20 14	☽♐	
5 Tu	00 33	☽□♆	B
	05 22	☽⚼♃	b
	05 23	☽⚺☿	g
	08 43	♀♑	
	11 38	☽△♅	G
	12 00	☽⚺♇	g
	16 48	☽□♂	B
	18 35	☽⚺☉	g
	19 39	☽⚺♄	g
6 We	04 36	☽∠☿	b
	12 01	☉☌♄	
	20 33	☽∠♄	b
	21 06	☽∠☉	b
	21 44	☽♑	
7 Th	00 22	☽☌♀	G
	02 00	☽⚹♆	G
	04 01	☽⚹☿	G
	05 02	♃Stat	
	11 57	☉±♅	
	12 58	☽□♅	B
	13 31	☽☌♇	D
	20 17	☽△♂	G
	21 31	☽⚹♄	G
	23 43	☽⚹☉	G
8 Fr	01 16	♀⚹♆	
	02 48	☽∠♆	b
	06 21	☿∥♆	
	07 39	☽☍♃	B
	09 40	☽∥☉	G
	12 23	☿⚹♀	
	22 17	☽⚼♂	b
	23 30	☽♒	
9 Sa	03 50	☽⚺♆	g
	04 09	☽□☿	B
	05 44	☽⚺♀	g
	05 48	☽∥♄	B
	11 57	♂⚹♄	
	14 57	☽⚹♅	G
	15 42	☽⚺♇	g
	21 35	☿△♆	
10 Su	00 15	☽□♄	B
	01 38	☽∥♆	D
	05 12	☽∥☿	G
	05 57	☽□☉	B
	08 59	☽∠♀	b
	16 29	☽∠♅	b
	17 21	☽∠♇	b
	21 13	☿Stat	
11	00 36	☽#♂	B

Day	Time	Aspect	
Mo	02 36	☽♓	
	06 58	☽△☿	G
	07 05	☽☌♆	D
	12 08	☽⚼♃	b
	12 47	☽⚹♀	G
	18 30	☽⚺♅	g
	19 29	☽⚹♇	G
	20 46	☿△♆	
	23 56	☽#♅	B
12 Tu	04 44	☽△♄	G
	06 57	☽☍♂	B
	09 39	☽⚼☿	b
	14 23	☽△☉	G
	14 34	☽△♃	G
	16 39	☉△♃	
13 We	07 29	☽∥♅	B
	07 39	☽♈	
	07 45	☽⚼♄	b
	10 35	♄±♅	
	12 19	☽⚺♆	g
	18 40	♆Stat	
	19 35	☽⚼☉	b
	22 12	☽□♀	B
14 Th	00 05	☽☌♅	B
	01 18	☽□♇	B
	03 55	☽∥♂	B
	15 43	☽∠♆	b
	20 57	☽□♃	B
15 Fr	01 13	♀□♅	
	04 51	☽#☿	G
	08 18	☽#♆	D
	14 49	☽♉	
	19 40	☽⚹♆	G
	20 47	☽⚼♂	b
	21 33	♀☌♇	
	23 34	☽☍☿	B
16 Sa	05 00	☉⚼♅	
	07 47	☽⚺♅	g
	08 07	☽#♄	B
	09 17	☽△♇	G
	10 07	☽△♀	G
	20 07	☽☍♄	B
17 Su	00 11	☉∠♇	
	02 36	☽△♂	G
	05 03	☿∥♆	
	05 26	☽⚹♃	G
	12 25	☽∠♅	b
	14 04	☽⚼♇	b
	15 16	☽☍☉	B
	17 01	☽⚼♀	b
18 Mo	00 07	☽♊	
	05 09	☽□♆	B
	10 27	☽∠♃	b
	17 35	☽⚹♅	G
19 Tu	14 48	♂⚹♃	
	15 56	☽⚺♃	g
	15 59	☽□♂	B
	22 29	☽⚼☿	b
20 We	05 50	☿▽♅	
	11 23	☽♋	
	13 13	☽⚼♄	b
	16 35	☽△♆	G
21 Th	02 09	☿⚹♇	
	05 14	☽□♅	B
	07 20	☽☍♇	B
	07 55	☽△☿	G
	16 38	☽⚼☉	b
	16 53	☽☍♀	B
	19 44	☽△♄	G

Day	Time	Aspect	
	22 50	☽⚼♆	b
22 Fr	03 48	☉♐	
	03 58	☽☌♃	G
	06 15	☉∠♀	
	07 11	☽⚹♂	G
	14 47	☉∥♇	
	23 56	☽♌	
23 Sa	01 49	☽△☉	G
	03 43	☽#♄	B
	11 23	☽#☿	G
	15 01	☽∠♂	b
	17 48	☽△♅	G
	18 45	♀⚹♄	
24 Su	04 02	☽□☿	B
	07 37	☽#♆	D
	08 59	☽□♄	B
	16 17	☽⚺♃	g
	17 52	☉□♆	
	19 49	☿±♅	
	22 36	☽⚺♂	g
	23 52	☽⚼♅	b
25 Mo	02 19	☽⚼♇	b
	10 25	☿∥♄	
	12 11	☽♍	
	12 33	♀∠♆	
	17 21	☽☍♆	B
	17 40	☽⚼♀	b
	19 28	☽□☉	B
	21 54	☽∠♃	b
26 Tu	01 54	☿☌♄	
	04 16	☉⊥♇	
	05 40	☽∥♂	B
	07 57	☽△♇	G
	13 06	☽∥♅	B
	20 42	☽⚹♄	G
	22 55	☽⚹☿	G
	23 18	☉⚼♃	
27 We	00 39	☽△♀	G
	02 50	☽⚹♃	G
	11 44	☽☌♂	B
	21 24	☽#♅	B
	22 00	☽♎	
28 Th	01 20	☽∠♄	b
	02 24	☽#♂	B
	02 45	☿⚹♀	
	06 48	☽∠☿	b
	07 23	☿△♃	
	09 42	☽⚹☉	G
	12 00	♀☍♃	
	14 09	☽☍♅	B
	16 42	☽□♇	B
29 Fr	04 59	☽⚺♄	g
	06 16	☽⚼♆	b
	09 56	☽□♃	B
	11 14	☽□♀	B
	13 20	☽⚺☿	g
	15 00	☽∠☉	b
	20 44	☽⚺♂	g
	21 26	☉Q♂	
	21 59	☽∥♆	D
30 Sa	04 03	☽♏	
	08 39	☽△♆	G
	18 25	☉△♅	
	19 05	☽⚺☉	g
	21 34	☽⚹♇	G
	23 04	☿⚼♅	
	23 35	☽∥♄	B
	23 36	☽∠♂	b

DECEMBER

Day	Time	Aspect	
1 Su	09 19	☽●♄	B
	13 15	☽△♃	G
	17 11	☽⚹♀	G
	20 09	☽⚼♅	b
	22 37	☽●☿	G
	22 42	☽∠♇	b
	23 31	☿∠♇	
2 Mo	01 34	☽⚹♂	G
	04 45	☽∥☿	G
	06 31	☽♐	
	06 50	☉⚺♇	
	10 54	☽□♆	B
	13 47	☽⚼♃	b
	14 27	♂∥♅	
	18 49	☽∠♀	b
	20 39	☽△♅	G
	20 42	♅⊥♆	
	23 13	☽⚺♇	g
	23 25	☉#♃	
3 Tu	00 22	☽☌☉	D
	10 42	☽⚺♄	g
	16 35	☿⚹♂	
	19 56	☽⚺♀	g
4 We	03 45	☽□♂	B
	04 35	☽⚺☿	g
	06 49	☽♑	
	10 51	☽∠♄	b
	11 08	☽⚹♆	G
	11 46	☽∥☿	G
	20 38	☽□♅	B
	23 18	☽☌♇	D
5 Th	02 42	☿♐	
	03 50	☽⚺☉	g
	05 21	☉±♃	
	07 13	☽∠☿	b
	10 59	☽⚹♄	G
	11 06	☽∠♆	b
	13 29	☽☍♃	B
	21 46	☽☌♀	G
6 Fr	05 31	☽△♂	G
	05 42	☽∠☉	b
	06 53	☽♒	
	07 15	☽∥♄	B
	10 08	☽⚹☿	G
	11 19	☽⚺♆	g
	20 58	☽⚹♅	G
	21 31	☿□♆	
	23 51	☽⚺♇	g
7 Sa	03 04	☿∥♇	
	06 57	☽⚼♂	b
	08 03	☽⚹☉	G
	09 13	☽∥♆	D
	12 11	☽□♄	B
	17 21	☿⚼♃	
	20 41	♂♎	
	21 49	☽∠♅	b
8 Su	00 04	☿⊥♇	
	00 50	☽⚺♀	g
	00 51	☽∠♇	b
	08 34	☽♓	
	13 16	☽☌♆	D
	15 15	☽⚼♃	b
	18 07	☽□☿	B
	23 21	☽⚺♅	g
9 Mo	02 33	☽⚹♇	G
	03 22	☽∠♀	b
	07 05	☽#♅	B

Day	Time	Aspect	
	11 34	♂Q♃	
	14 13	☽#♂	B
	15 12	☽□☉	B
	15 53	☽△♄	G
	17 08	☽△♃	G
	17 28	☉∥♀	
10 Tu	01 31	☉⚺♄	
	04 40	☽∥♂	B
	06 41	☽⚹♀	G
	12 35	☽∥♅	B
	13 05	☽♈	
	14 56	☉▽♃	
	15 40	☽☍♂	B
	17 01	♀Q♅	
	17 05	☿△♅	
	18 08	☽⚺♆	g
	18 56	☽⚼♄	b
11 We	04 06	♀⊥♆	
	04 44	☽☌♅	B
	06 19	☽△☿	G
	08 18	☽□♇	B
	21 44	☽∠♆	b
	23 10	☽□♃	B
	23 24	☿⚺♇	
12 Th	02 13	☽△☉	G
	11 18	☿#♃	
	13 31	☿∥♀	
	13 59	☽#♆	D
	14 04	☽⚼☿	b
	15 37	☽□♀	B
	16 25	♀#♃	
	16 34	☉Q♆	
	20 40	☽♉	
13 Fr	00 01	♃△♄	
	02 02	☽⚹♆	G
	04 33	☿±♃	
	05 54	☿∠♀	
	09 06	☽⚼☉	b
	10 20	♂▽♆	
	11 05	☉⊥♀	
	13 05	☽⚺♅	g
	16 59	☽△♇	G
	22 08	☽#♄	B
14 Sa	07 46	☽⚼♂	b
	07 52	☽⚹♃	G
	08 25	☽☍♄	B
	18 08	☽∠♅	b
	22 10	☽⚼♇	b
15 Su	02 54	☽△♀	G
	04 03	♂∠♄	
	06 41	☽♊	
	08 09	☿Q♂	
	12 19	☽□♆	B
	12 57	☽∠♃	b
	14 22	☽△♂	G
	23 37	☽⚹♅	G
16 Mo	03 58	☉∥☿	
	09 06	☽⚼♀	b
	15 50	☉⊥♄	
	18 17	☽☍☿	B
	18 23	☽⚺♃	g
	19 02	☿▽♃	
17 Tu	08 40	☿⚺♄	
	09 28	☽☍☉	B
	17 40	♅Stat	
	18 17	☽♋	
	22 19	♃⚼♆	
18 We	00 07	☽△♆	G
	02 19	☽⚼♄	b

	04 42	☽□♂	B		19 58	♀∥♇			17 05	☉✱♆			13 04	☿∠♄			22 52	☽□♆	B
	11 33	☽□♅	B		21 53	♀Stat			22 34	☽∥♂	B		13 58	☽♏		30	00 12	☽∥♀	G
	15 24	☿Q♆			22 00	☽□♄	B	25	03 55	☽△♀	G		19 32	☽△♆	G	Mo	05 05	☉□♅	
	15 59	☽☍♇	B	22	03 27	☽∠♂	b	We	06 17	☽♎		28	00 02	☽✱☿	G		07 51	☽△♅	G
19	06 02	☽☌♃	G	Su	06 28	☽⚼♅	b		06 29	☽#♅	B	Sa	01 26	☽✱☉	G		08 03	☽⚺☉	g
Th	06 24	☽⚼♆	b		11 08	☽⚼♇	b		08 33	♂☍♅			07 35	☽⚺♂	g		09 11	☽⚺☿	g
	08 49	☽△♄	G		13 25	☽△☿	G		09 11	☽□☿	B		09 35	☽✱♇	G		11 36	☽✱♂	G
	21 45	☿⊥♀			19 19	☽♍			13 48	☽□☉	B		17 12	☽∥♄	B		11 59	☽⚺♇	g
20	04 18	☽#♄	B		21 44	☽△☉	G		15 22	☽∠♄	b		18 56	☽△♃	G		13 59	☽∠♀	b
Fr	04 37	☽☍♀	B		23 54	☽∠♃	b		22 41	☽☍♅	B	29	00 58	☽●♄	B	31	01 22	♂□♇	
	06 48	☽☊		23	01 20	☽☍♆	B		23 12	☽☌♂	B	Su	05 15	☽∠☿	b	Tu	02 35	☽⚺♄	g
	16 29	☉⚺♀		Mo	10 42	☽⚺♂	g	26	03 15	☽□♇	B		05 19	☽∠☉	b		05 04	♀⊥♆	
	19 53	☽✱♂	G		17 09	☽△♇	G	Th	09 01	♂±♆			06 27	☉☌☿			11 26	☿☌♇	
21	00 11	☽△♅	G		17 41	☿⚺♀			09 03	☿✱♆			07 00	☽⚼♅	b		13 24	☽⚺♀	g
Sa	02 35	☽⚼☿	b		22 00	☽∥♅	B		11 14	☉∠♄			10 05	☽∠♂	b		14 59	☿□♂	
	11 15	☿⊥♄			22 56	☽⚼♀	b		14 01	☽□♃	B		11 14	☽∠♇	b		18 01	☽♑	
	12 45	☽⚼☉	b	24	05 19	☽✱♃	G		16 21	☽⚼♆	b		13 54	☽✱♀	G		23 06	☽✱♆	G
	16 41	☽#♆	D	Tu	06 45	☽#♂	B		19 37	☽⚺♄	g		17 37	☽♐					
	17 11	☉♑			10 12	☿♑		27	07 38	☽∥♆	D		19 57	☽⚼♃	b				
	18 05	☽⚺♃	g		10 13	☽✱♄	G	Fr	11 00	☽□♀	B		20 48	☿□♅					

DISTANCES APART OF ALL ☌s AND ☍s IN 2013

Note: The Distances Apart are in Declination

JANUARY

Day	h m	Aspect	° '
1	19 39	☽☍♆	5 21
4	09 52	☽☍♅	4 16
6	16 43	☿☌♇	4 39
6	23 10	☽☌♄	3 29
8	20 05	☽☍♃	0 25
10	11 31	☽☌♀	2 47
11	00 22	☽☌♇	0 18
11	12 25	☽☌☿	5 43
11	19 44	☽☌☉	4 14
13	08 37	☽☌♂	5 52
14	13 20	☽☌♆	5 17
17	01 29	♀☌♇	3 17
17	01 38	☽☌♅	4 09
18	08 56	☉☌☿	1 59
19	23 05	☽☍♄	3 22
22	03 13	☽●♃	0 29
24	23 19	☽☍♇	0 22
25	20 35	☽☍♀	4 33
27	04 38	☽☍☉	4 41
27	18 09	☽☍☿	6 39
28	16 59	☽☍♂	5 42
29	03 07	☽☍♆	5 12
31	16 43	☽☍♅	3 59

FEBRUARY

Day	h m	Aspect	° '
3	07 45	☽☌♄	3 14
4	20 56	♂☌♆	0 23
5	02 32	☽☍♃	0 40
6	23 00	☿☌♆	0 23
7	11 20	☽☌♇	0 29
8	17 57	☿☌♂	0 15
9	10 25	☽☌♀	5 34
10	07 20	☽☌☉	4 45
11	01 29	☽☌♆	5 09
11	09 56	☽☌♂	5 22
11	14 00	☽☌☿	4 34
13	13 05	☽☌♅	3 52
16	08 44	☽☍♄	3 09
18	11 54	☽●♃	0 53
21	07 18	☉☌♆	0 34
21	08 43	☽☍♇	0 36
25	04 50	☽☍♀	5 51
25	12 22	☽☍♆	5 08
25	20 26	☽☍☉	4 27
26	09 09	☿☌♂	3 49
26	17 22	☽☍☿	0 58
26	18 13	☽☍♂	4 49
28	01 11	☽☍♅	3 45
28	13 37	♀☌♆	0 40

MARCH

Day	h m	Aspect	° '
2	13 16	☽☌♄	3 05
4	11 00	☽☍♃	1 10
4	12 58	☉☌☿	3 23
6	19 15	☽☌♇	0 44
7	04 54	☿☌♀	4 29
10	12 20	☽☌♆	5 09
10	20 33	☽☌☿	1 51
11	11 33	☽☌♀	5 27
11	19 51	☽☌☉	3 55
12	11 35	☽☌♂	4 10
13	01 06	☽☌♅	3 40
15	16 27	☽☍♄	3 05
18	01 48	☽☌♃	1 28
20	18 02	☽☍♇	0 51
22	18 17	♂☌♅	0 01
24	23 08	☽☍♆	5 11
25	06 38	☽☍☿	4 58
27	08 49	☽☍♀	4 21
27	09 27	☽☍☉	3 05
27	12 05	☽☍♅	3 36
27	18 14	☽☍♂	3 19
28	17 05	☉☌♀	1 13
28	23 01	♀☌♅	0 36
29	00 38	☉☌♅	0 37
29	18 13	☽☌♄	3 07
31	23 03	☽☍♃	1 46

APRIL

Day	h m	Aspect	° '
3	01 10	☽☌♇	0 57
6	20 48	☽☌♆	5 13
7	04 58	♀☌♂	0 35
8	04 10	☽☌☿	6 05
9	11 56	☽☌♅	3 34
10	09 35	☽☌☉	2 09
10	13 02	☽☌♂	2 27
10	16 25	☽☌♀	2 52
11	21 36	☽☍♄	3 11
14	18 57	☽☌♃	2 03
17	02 18	☽☍♇	1 01
18	00 20	☉☌♂	0 22
20	09 20	☿☌♅	1 42
21	10 03	☽☍♆	5 16
22	07 43	♀☍♄	1 53
24	00 37	☽☍♅	3 32
24	12 12	☽☍☿	4 34
25	16 52	☽☍♂	1 25
25	19 57	☽●☉	0 58
26	00 17	☽☌♄	3 17
26	08 56	☽☍♀	0 49
28	08 27	☉☍♄	2 32
28	15 08	☽☍♃	2 20
30	07 19	☽☌♇	1 02

MAY

Day	h m	Aspect	° '
1	05 12	♂☍♄	2 18
4	03 27	☽☌♆	5 17
5	11 12	☿☍♄	1 35
6	20 57	☽☌♅	3 30
8	00 33	☿☌♂	0 23
9	00 36	☽☍♄	3 21
9	13 52	☽●♂	0 24
9	19 06	☽●☿	0 17
10	00 28	☽●⬤	0 14
11	00 49	☽☌♀	1 21
11	21 10	☉☌☿	0 05
12	13 32	☽☌♃	2 35
14	08 58	☽☍♇	1 02
18	19 35	☽☍♆	5 16
21	12 59	☽☍♅	3 27
23	07 34	☽☌♄	3 24
24	13 55	☽☍♂	0 44
24	23 54	☿☌♀	1 21
25	04 25	☽☍☉	1 33
26	06 16	☽☍♀	3 33
26	07 46	☽☍☿	5 01
26	10 22	☽☍♃	2 50
27	07 56	☿☌♃	2 22
27	15 12	☽☌♇	1 00
28	19 29	♀☌♃	1 00
31	09 54	☽☌♆	5 14

JUNE

Day	h m	Aspect	° '
3	04 39	☽☌♅	3 24
5	03 03	☽☍♄	3 25
7	13 45	☽☌♂	1 46
7	22 03	☿☍♇	5 02
8	15 56	☽☌☉	2 42
9	08 29	☽☌♃	3 04
10	10 28	☽☌♀	5 17
10	14 12	☽☍♇	0 58
10	21 15	☽☌☿	5 48
11	22 08	♀☍♇	4 28
15	02 49	☽☍♆	5 10
17	23 23	☽☍♅	3 18
19	15 20	☽☌♄	3 21
19	16 11	☉☌♃	0 14
21	02 57	☿☌♀	2 00
22	09 14	☽☍♂	2 49
23	07 08	☽☍♃	3 19
23	11 32	☽☍☉	3 43
24	00 37	☽☌♇	0 57
24	20 19	☽☍☿	3 10
25	02 24	☽☍♀	6 16
27	17 28	☽☌♆	5 07
30	12 03	☽☌♅	3 13

JULY

Day	h m	Aspect	° '
2	00 06	☉☍♇	3 13
2	07 11	☽☍♄	3 15
6	12 30	☽☌♂	3 42
7	03 21	☽☌♃	3 32
7	18 48	☽☍♇	0 56
8	07 14	☽☌☉	4 24
8	11 44	☽●☿	0 06
9	18 41	☉☌☿	4 43
10	18 18	☽☌♀	6 25
12	08 03	☽☍♆	5 02
15	06 54	☽☍♅	3 06
16	23 00	☽☌♄	3 04
21	02 45	☽☍♂	4 31
21	03 37	☽☍♃	3 46
21	10 13	☽☌♇	0 59
21	15 53	☽☍☿	0 21
22	07 35	♂☌♃	0 47
22	18 16	☽☍☉	4 47
24	23 12	☽☍♀	5 50
25	02 19	☽☌♆	4 59
26	12 08	♀☍♆	0 45
27	19 56	☽☌♅	3 01
27	22 51	♂☍♇	3 50
29	14 41	☽☍♄	2 53

AUGUST

Day	h m	Aspect	° '
3	21 55	☽☌♃	3 59
3	23 47	☽☍♇	1 02
4	10 05	☽☌♂	5 08
5	06 49	☽☌☿	4 14
6	21 51	☽☌☉	4 47
7	23 46	♃☍♇	2 59
8	12 34	☽☍♆	4 56
9	22 05	☽☌♀	4 27
11	11 59	☽☍♅	2 55
13	06 48	☽☌♄	2 38
17	18 34	☽☌♇	1 10
17	22 04	☽☍♃	4 13
18	18 26	☽☍♂	5 36
20	18 17	☽☍☿	6 15
21	01 45	☽☍☉	4 30
21	11 30	☽☌♆	4 56
23	22 17	☽☍♀	2 46
24	04 18	☽☌♅	2 52
24	20 56	☉☌☿	1 38
25	23 12	☿☍♆	0 59
26	01 49	☽☍♄	2 26
26	17 56	♀☍♅	0 29
27	01 43	☉☍♆	0 38
31	05 58	☽☍♇	1 17
31	15 46	☽☌♃	4 25

SEPTEMBER

Day	h m	Aspect	° '
2	06 36	☽☌♂	5 53
4	17 52	☽☍♆	4 57
5	11 36	☽☌☉	3 54
6	10 10	☽☌☿	4 07
7	16 22	☽☍♅	2 50
8	20 46	☽●♀	0 23
9	15 47	☽☌♄	2 11
14	01 04	☽☌♇	1 25
14	13 05	☽☍♃	4 37
16	06 41	☿☍♅	0 51
16	08 19	☽☍♂	6 01
17	19 38	☽☌♆	5 00
18	20 53	♀☌♄	3 18
19	11 13	☽☍☉	3 09
20	12 20	☽☌♅	2 51
21	01 25	☽☍☿	0 53
22	15 32	☽☍♄	1 59
22	23 41	☽☍♀	1 57
27	13 37	☽☍♇	1 33
28	07 52	☽☌♃	4 46

OCTOBER

Day	h m	Aspect	° '
1	02 03	☽☌♂	6 01
2	00 43	☽☍♆	5 03
3	14 12	☉☍♅	0 40
4	21 57	☽☍♅	2 53
5	00 35	☽☌☉	2 06
7	00 12	☽☌☿	2 38
7	03 08	☽☌♄	1 48
8	13 56	☽☌♀	4 33
8	19 39	☿☌♄	4 44
11	06 40	☽☌♇	1 40
12	00 04	☽☍♃	4 53
14	20 28	☽☍♂	5 53
15	01 56	☽☌♆	5 06
17	19 01	☽☌♅	2 56
18	23 38	☽☍☉	1 01
20	01 53	♂☍♆	0 43
20	06 10	☽☍♄	1 38
20	17 52	☽☍☿	3 58
23	00 35	☽☍♀	6 37
24	22 20	☽☍♇	1 45
25	20 31	☽☌♃	4 58
29	08 52	☽☍♆	5 07
29	20 05	☽☌♂	5 39
29	20 48	☿☌♄	3 27

NOVEMBER

Day	h m	Aspect	° '
1	05 27	☽☍♅	2 58
1	20 19	☉☌☿	0 29
3	06 51	☽●☿	0 01

DISTANCES APART OF ALL ☌s AND ☍s IN 2013

Note: The Distances Apart are in Declination

d	h m	Aspect	° ′	d	h m	Aspect	° ′	d	h m	Aspect	° ′	d	h m	Aspect	° ′
3	12 50	☽ • ●	0 18	17	15 16	☽ ☍ ☉	1 33	1	22 37	☽ • ☿	0 25	19	06 02	☽ ☌ ♃	4 53
3	17 18	☽ ☌ ♄	1 29	21	07 20	☽ ☍ ♇	1 49	3	00 22	☽ ☌ ☉	2 51	20	04 37	☽ ☍ ♀	5 10
6	12 01	☉ ☌ ♄	2 01	21	16 53	☽ ☍ ♀	8 18	4	23 18	☽ ☌ ♇	1 49	23	01 20	☽ ☍ ♆	4 52
7	00 22	☽ ☌ ♀	8 00	22	03 58	☽ ☌ ♃	4 58	5	13 29	☽ ☍ ♃	4 56	25	08 33	♂ ☍ ♅	1 18
7	13 31	☽ ☌ ♇	1 47	25	17 21	☽ ☍ ♆	5 04	5	21 46	☽ ☌ ♀	7 25	25	22 41	☽ ☍ ♅	2 47
8	07 39	☽ ☍ ♃	4 59	26	01 54	☿ ☌ ♄	0 18	8	13 16	☽ ☌ ♆	4 59	25	23 12	☽ ☌ ♂	4 04
11	07 05	☽ ☌ ♆	5 07	27	11 44	☽ ☌ ♂	4 56	10	15 40	☽ ☍ ♂	4 33	29	00 58	☽ • ♄	0 53
12	06 57	☽ ☍ ♂	5 21	28	12 00	♀ ☍ ♃	3 04	11	04 44	☽ ☌ ♅	2 55	29	06 27	☉ ☌ ☿	1 41
14	00 05	☽ ☌ ♅	2 59	28	14 09	☽ ☍ ♅	2 58	14	08 25	☽ ☍ ♄	1 04	31	11 26	☿ ☌ ♇	4 33
15	21 33	♀ ☌ ♇	6 31		DECEMBER			16	18 17	☽ ☍ ☿	3 56				
15	23 34	☽ ☍ ☿	2 30					17	09 28	☽ ☍ ☉	3 51				
16	20 07	☽ ☍ ♄	1 21	1	09 19	☽ • ♄	1 12	18	15 59	☽ ☍ ♇	1 49				

PHENOMENA IN 2013

d h	JANUARY
2 04	⊕ in perihelion
3 05	☽ Zero Dec.
4 03	☿ in aphelion
9 15	☽ Max. Dec.20°S53′
10 10	☽ in Perigee
15 21	☽ Zero Dec.
17 10	♀ ☋
22 11	☽ in Apogee
23 05	☽ Max. Dec.20°N49′
24 09	♂ in perihelion
30 12	☽ Zero Dec.
	FEBRUARY
6 00	☽ Max. Dec.20°S42′
7 12	☽ in Perigee
12 08	☽ Zero Dec.
12 10	☿ ☊
16 21	☿ Gt.Elong. 18 ° E.
17 02	☿ in perihelion
19 06	☽ in Apogee
19 14	☽ Max. Dec.20°N35′
21 07	♀ in aphelion
26 19	☽ Zero Dec.
	MARCH
5 07	☽ Max. Dec.20°S27′
5 23	☽ in Perigee
11 17	☽ Zero Dec.
18 22	☽ Max. Dec.20°N20′
19 03	☽ in Apogee
20 11	☉ enters ♈,Equinox
22 17	☿ ☋
26 04	☽ Zero Dec.
31 04	☽ in Perigee
31 22	☿ Gt.Elong. 28 ° W.
	APRIL
1 12	☽ Max. Dec.20°S15′
2 02	☿ in aphelion
8 00	☽ Zero Dec.
15 05	☽ Max. Dec.20°N11′
15 22	☽ in Apogee
22 13	☽ Zero Dec.
25 20	◗ Partial eclipse
27 20	☽ in Perigee
28 19	☽ Max. Dec.20°S10′
	MAY
5 06	☽ Zero Dec.
10 00	● Annular eclipse
10 13	♀ ☊
11 10	☿ ☊
12 13	☽ Max. Dec.20°N10′
13 14	☽ in Apogee
16 02	☿ in perihelion
19 22	☽ Zero Dec.
25 08	♂ ☊
26 02	☽ in Perigee
26 05	☽ Max. Dec.20°S11′
	JUNE
1 12	☽ Zero Dec.
8 19	☽ Max. Dec.20°N12′
9 22	☽ in Apogee
12 17	☿ Gt.Elong. 24 ° E.
13 14	♀ in perihelion
16 07	☽ Zero Dec.
18 17	☿ ☋
21 05	☉ enters ♋,Solstice
22 16	☽ Max. Dec.20°S11′
23 11	☽ in Perigee
28 19	☽ Zero Dec.
29 01	☿ in aphelion
	JULY
5 15	⊕ in aphelion
6 02	☽ Max. Dec.20°N10′
7 01	☽ in Apogee
13 14	☽ Zero Dec.
20 03	☽ Max. Dec.20°S06′
21 20	☽ in Perigee
26 05	☽ Zero Dec.
30 09	☿ Gt.Elong. 20 ° W.
	AUGUST
2 09	☽ Max. Dec.20°N02′
3 09	☽ in Apogee
7 09	☿ ☊
9 20	☽ Zero Dec.
12 01	☿ in perihelion
16 12	☽ Max. Dec.19°S54′
19 02	☽ in Perigee
22 16	☽ Zero Dec.
29 17	☽ Max. Dec.19°N48′
30 02	♀ ☋
31 00	☽ in Apogee
	SEPTEMBER
6 03	☽ Zero Dec.
12 19	☽ Max. Dec.19°S41′
14 16	☿ ☋
15 17	☽ in Perigee
19 02	☽ Zero Dec.
22 21	☉ enters ♎,Equinox
25 01	☿ in aphelion
26 01	☽ Max. Dec.19°N36′
27 18	☽ in Apogee
	OCTOBER
3 11	☽ Zero Dec.
3 23	♀ in aphelion
9 10	☿ Gt.Elong. 25 ° E.
10 00	☽ Max. Dec.19°S32′
10 23	☽ in Perigee
16 10	☽ Zero Dec.
23 09	☽ Max. Dec.19°N31′
25 14	☽ in Apogee
30 20	☽ Zero Dec.
	NOVEMBER
1 08	♀ Gt.Elong. 47 ° E.
3 08	☿ ☊
3 13	● Ann.-tot. eclipse
6 07	☽ Max. Dec.19°S31′
6 09	☽ in Perigee
8 00	☿ in perihelion
9 05	♃ ☊
12 16	☽ Zero Dec.
18 02	☿ Gt.Elong. 19 ° W.
19 17	☽ Max. Dec.19°N32′
22 10	☽ in Apogee
27 05	☽ Zero Dec.
	DECEMBER
3 17	☽ Max. Dec.19°S33′
4 10	☽ in Perigee
9 22	☽ Zero Dec.
11 15	☿ ☋
17 01	☽ Max. Dec.19°N34′
20 00	☽ in Apogee
21 06	♀ ☊
21 17	☉ enters ♑,Solstice
22 00	☿ in aphelion
24 14	☽ Zero Dec.
31 05	☽ Max. Dec.19°S32′

LOCAL MEAN TIME OF SUNRISE FOR LATITUDES
60° North to 50° South
FOR ALL SUNDAYS IN 2013. (ALL TIMES ARE A.M.)

	Northern latitudes								Southern latitudes					
Date	London	60°	55°	50°	40°	30°	20°	10°	0°	10°	20°	30°	40°	50°
2012	H M	H M	H M	H M	H M	H M	H M	H M	H M	H M	H M	H M	H M	H M
Dec. 30	8 6	9 4	8 26	7 59	7 22	6 56	6 34	6 16	5 59	5 41	5 23	5 1	4 33	3 53
2013														
Jan. 6	8 5	9 0	8 24	7 58	7 22	6 57	6 36	6 19	6 2	5 45	5 27	5 6	4 39	4 1
,, 13	8 2	8 52	8 19	7 55	7 21	6 57	6 38	6 21	6 5	5 49	5 32	5 11	4 46	4 9
,, 20	7 56	8 41	8 11	7 49	7 18	6 56	6 38	6 22	6 7	5 53	5 37	5 18	4 54	4 21
,, 27	7 47	8 27	8 0	7 41	7 14	6 53	6 37	6 23	6 9	5 56	5 41	5 24	5 3	4 32
Feb. 3	7 36	8 11	7 48	7 32	7 7	6 50	6 35	6 22	6 10	5 58	5 45	5 30	5 11	4 45
,, 10	7 25	7 53	7 35	7 21	7 0	6 45	6 32	6 21	6 11	6 1	5 49	5 36	5 20	4 57
,, 17	7 12	7 34	7 20	7 8	6 51	6 39	6 28	6 19	6 11	6 2	5 52	5 41	5 27	5 8
,, 24	6 58	7 15	7 4	6 55	6 42	6 32	6 24	6 17	6 10	6 3	5 55	5 47	5 36	5 21
Mar. 3	6 42	6 55	6 47	6 41	6 32	6 25	6 19	6 14	6 9	6 3	5 58	5 52	5 44	5 33
,, 10	6 27	6 34	6 30	6 26	6 21	6 17	6 13	6 10	6 7	6 4	6 1	5 56	5 51	5 44
,, 17	6 12	6 13	6 12	6 11	6 10	6 8	6 7	6 6	6 5	6 4	6 3	6 1	5 59	5 56
,, 24	5 55	5 52	5 54	5 56	5 58	6 0	6 1	6 2	6 3	6 4	6 5	6 5	6 6	6 6
,, 31	5 40	5 30	5 36	5 40	5 47	5 51	5 55	5 58	6 1	6 4	6 6	6 11	6 15	6 18
Apr. 7	5 24	5 9	5 18	5 25	5 36	5 43	5 49	5 54	5 59	6 4	6 8	6 14	6 21	6 29
,, 14	5 8	4 48	5 1	5 11	5 25	5 35	5 43	5 50	5 57	6 4	6 10	6 18	6 27	6 39
,, 21	4 53	4 28	4 44	4 56	5 14	5 28	5 38	5 47	5 55	6 4	6 12	6 22	6 33	6 49
,, 28	4 40	4 8	4 28	4 43	5 5	5 20	5 33	5 44	5 54	6 4	6 15	6 27	6 41	7 1
May 5	4 26	3 49	4 12	4 30	4 56	5 14	5 29	5 42	5 53	6 5	6 17	6 31	6 48	7 12
,, 12	4 14	3 31	3 58	4 19	4 48	5 9	5 25	5 40	5 53	6 6	6 20	6 36	6 55	7 22
,, 19	4 3	3 14	3 46	4 10	4 42	5 4	5 23	5 38	5 53	6 8	6 23	6 40	7 1	7 31
,, 26	3 55	3 0	3 36	4 1	4 37	5 1	5 21	5 38	5 53	6 9	6 25	6 44	7 7	7 39
June 2	3 49	2 48	3 28	3 55	4 33	4 59	5 20	5 38	5 54	6 11	6 28	6 48	7 13	7 48
,, 9	3 44	2 40	3 22	3 52	4 31	4 58	5 20	5 38	5 55	6 12	6 30	6 51	7 16	7 53
,, 16	3 42	2 36	3 20	3 50	4 30	4 58	5 20	5 39	5 57	6 14	6 32	6 54	7 20	7 57
,, 23	3 43	2 36	3 20	3 51	4 31	5 0	5 22	5 41	5 58	6 16	6 34	6 56	7 22	8 0
,, 30	3 46	2 40	3 24	3 54	4 34	5 2	5 23	5 42	6 0	6 17	6 35	6 56	7 23	8 0
July 7	3 51	2 49	3 30	3 59	4 38	5 4	5 26	5 44	6 1	6 17	6 35	6 56	7 21	7 57
,, 14	3 58	3 0	3 38	4 5	4 42	5 8	5 28	5 46	6 2	6 18	6 35	6 54	7 19	7 52
,, 21	4 6	3 14	3 48	4 14	4 48	5 12	5 31	5 47	6 3	6 18	6 34	6 52	7 15	7 47
,, 28	4 16	3 30	4 0	4 22	4 54	5 16	5 34	5 49	6 3	6 17	6 31	6 48	7 9	7 38
Aug. 4	4 27	3 46	4 13	4 32	5 0	5 20	5 36	5 50	6 2	6 15	6 28	6 43	7 2	7 28
,, 11	4 38	4 3	4 26	4 42	5 7	5 24	5 38	5 50	6 2	6 13	6 25	6 38	6 54	7 17
,, 18	4 48	4 20	4 38	4 53	5 14	5 28	5 41	5 51	6 0	6 9	6 19	6 31	6 44	7 3
,, 25	5 0	4 36	4 52	5 3	5 20	5 33	5 42	5 51	5 59	6 6	6 15	6 24	6 35	6 51
Sept. 1	5 11	4 53	5 5	5 14	5 27	5 36	5 44	5 51	5 57	6 3	6 9	6 16	6 24	6 36
,, 8	5 23	5 10	5 18	5 24	5 34	5 40	5 46	5 50	5 54	5 58	6 2	6 7	6 13	6 20
,, 15	5 33	5 26	5 31	5 35	5 40	5 44	5 47	5 50	5 52	5 55	5 57	5 59	6 2	6 6
,, 22	5 44	5 43	5 44	5 45	5 47	5 48	5 49	5 49	5 50	5 50	5 50	5 50	5 50	5 49
,, 29	5 56	5 59	5 58	5 56	5 54	5 52	5 50	5 49	5 47	5 46	5 44	5 42	5 40	5 36
Oct. 6	6 7	6 16	6 11	6 7	6 1	5 56	5 52	5 48	5 45	5 41	5 37	5 33	5 28	5 20
,, 13	6 19	6 33	6 24	6 18	6 8	6 0	5 54	5 48	5 43	5 37	5 32	5 25	5 16	5 4
,, 20	6 31	6 50	6 38	6 29	6 15	6 5	5 56	5 49	5 42	5 34	5 26	5 17	5 5	4 49
,, 27	6 43	7 8	6 52	6 40	6 23	6 10	5 59	5 50	5 41	5 32	5 22	5 10	4 56	4 36
Nov. 3	6 56	7 26	7 6	6 52	6 31	6 15	6 2	5 51	5 40	5 30	5 18	5 5	4 48	4 25
,, 10	7 8	7 44	7 21	7 4	6 39	6 21	6 6	5 53	5 41	5 28	5 15	5 0	4 40	4 13
,, 17	7 20	8 1	7 34	7 15	6 47	6 26	6 10	5 55	5 42	5 28	5 13	4 55	4 33	4 2
,, 24	7 32	8 18	7 48	7 26	6 55	6 32	6 14	5 59	5 43	5 28	5 11	4 52	4 28	3 55
Dec. 1	7 42	8 34	8 0	7 36	7 2	6 38	6 19	6 2	5 45	5 29	5 12	4 52	4 26	3 50
,, 8	7 51	8 47	8 11	7 45	7 9	6 43	6 23	6 5	5 48	5 31	5 13	4 51	4 24	3 45
,, 15	7 58	8 57	8 18	7 52	7 14	6 48	6 27	6 9	5 51	5 34	5 15	4 53	4 25	3 45
,, 22	8 3	9 3	8 24	7 56	7 19	6 52	6 31	6 12	5 55	5 37	5 18	4 56	4 28	3 47
,, 29	8 6	9 4	8 26	7 59	7 21	6 55	6 34	6 16	5 58	5 41	5 22	5 0	4 32	3 52
2014														
Jan. 5	8 5	9 1	8 24	7 58	7 22	6 57	6 36	6 18	6 1	5 45	5 27	5 5	4 38	3 59

Example:—To find the time of Sunrise in Jamaica (Latitude 18° N.) on Monday, June 24th, 2013. On June 23rd, L.M.T. = 5h. 22m. + $\frac{2}{10}$ × 19m. = 5h. 26m. on June 30th, L.M.T. = 5h. 23m. + $\frac{2}{10}$ × 19m. = 5h. 27m., therefore L.M.T. on June 24th = 5h. 26m. + $\frac{1}{7}$ × 1m. = 5h. 26m. A.M.

LOCAL MEAN TIME OF SUNSET FOR LATITUDES
60° North to 50° South
FOR ALL SUNDAYS IN 2013. (ALL TIMES ARE P.M.)

	NORTHERN LATITUDES								SOUTHERN LATITUDES					
Date	LON-DON	60°	55°	50°	40°	30°	20°	10°	0°	10°	20°	30°	40°	50°
2012	H M	H M	H M	H M	H M	H M	H M	H M	H M	H M	H M	H M	H M	H M
Dec. 30	4 0	3 2	3 40	4 7	4 44	5 10	5 31	5 49	6 6	6 23	6 42	7 4	7 32	8 12
2013														
Jan. 6	4 7	3 13	3 48	4 14	4 50	5 15	5 35	5 53	6 10	6 26	6 44	7 5	7 32	8 11
,, 13	4 16	3 26	4 0	4 23	4 57	5 20	5 40	5 57	6 12	6 28	6 46	7 6	7 31	8 7
,, 20	4 27	3 42	4 12	4 34	5 4	5 26	5 44	6 0	6 14	6 30	6 46	7 4	7 28	8 1
,, 27	4 40	4 0	4 26	4 45	5 13	5 33	5 49	6 3	6 16	6 30	6 45	7 2	7 23	7 53
Feb. 3	4 52	4 18	4 40	4 57	5 21	5 38	5 53	6 6	6 18	6 29	6 42	6 57	7 16	7 42
,, 10	5 4	4 37	4 55	5 9	5 29	5 44	5 57	6 8	6 18	6 28	6 40	6 53	7 9	7 31
,, 17	5 17	4 55	5 10	5 21	5 38	5 50	6 0	6 9	6 18	6 26	6 36	6 47	7 0	7 19
,, 24	5 30	5 13	5 24	5 33	5 46	5 55	6 3	6 10	6 17	6 23	6 30	6 39	6 49	7 4
Mar. 3	5 43	5 31	5 38	5 44	5 53	6 0	6 6	6 11	6 15	6 20	6 25	6 31	6 39	6 50
,, 10	5 55	5 48	5 52	5 56	6 1	6 5	6 8	6 11	6 14	6 17	6 20	6 24	6 29	6 36
,, 17	6 7	6 6	6 6	6 7	6 8	6 9	6 10	6 11	6 12	6 13	6 15	6 16	6 18	6 21
,, 24	6 19	6 23	6 20	6 18	6 16	6 14	6 12	6 11	6 10	6 9	6 8	6 7	6 7	6 6
,, 31	6 30	6 40	6 34	6 29	6 23	6 18	6 14	6 11	6 8	6 5	6 2	5 58	5 55	5 49
Apr. 7	6 41	6 57	6 48	6 40	6 30	6 22	6 16	6 10	6 6	6 0	5 55	5 50	5 43	5 33
,, 14	6 53	7 14	7 1	6 51	6 37	6 26	6 18	6 10	6 4	5 57	5 50	5 43	5 33	5 21
,, 21	7 5	7 31	7 15	7 2	6 44	6 30	6 20	6 11	6 2	5 53	5 45	5 35	5 23	5 6
,, 28	7 17	7 49	7 28	7 13	6 51	6 35	6 22	6 11	6 1	5 51	5 40	5 28	5 14	4 54
May 5	7 28	8 6	7 42	7 24	6 58	6 40	6 25	6 12	6 0	5 49	5 36	5 22	5 5	4 41
,, 12	7 39	8 23	7 55	7 34	7 5	6 44	6 28	6 13	6 0	5 47	5 33	5 17	4 57	4 30
,, 19	7 50	8 39	8 8	7 44	7 11	6 48	6 30	6 14	6 0	5 46	5 31	5 13	4 52	4 22
,, 26	7 59	8 55	8 18	7 53	7 17	6 53	6 33	6 16	6 0	5 45	5 28	5 9	4 46	4 13
June 2	8 7	9 8	8 28	8 0	7 23	6 57	6 36	6 18	6 1	5 45	5 28	5 8	4 43	4 8
,, 9	8 14	9 18	8 36	8 7	7 27	7 0	6 38	6 20	6 3	5 45	5 27	5 7	4 41	4 4
,, 16	8 19	9 25	8 41	8 11	7 31	7 2	6 41	6 22	6 4	5 46	5 28	5 7	4 40	4 3
,, 23	8 21	9 28	8 44	8 13	7 32	7 4	6 42	6 23	6 6	5 48	5 30	5 8	4 42	4 4
,, 30	8 21	9 26	8 43	8 13	7 33	7 5	6 43	6 24	6 7	5 50	5 32	5 11	4 44	4 7
July 7	8 17	9 20	8 39	8 10	7 32	7 5	6 43	6 25	6 8	5 51	5 34	5 13	4 48	4 12
,, 14	8 12	9 10	8 32	8 5	7 29	7 3	6 43	6 25	6 9	5 53	5 36	5 17	4 53	4 19
,, 21	8 5	8 57	8 22	7 58	7 24	7 0	6 41	6 25	6 10	5 55	5 39	5 21	4 58	4 27
,, 28	7 56	8 42	8 12	7 49	7 18	6 56	6 39	6 24	6 10	5 56	5 42	5 25	5 4	4 36
Aug. 4	7 44	8 25	7 58	7 39	7 11	6 51	6 36	6 22	6 9	5 56	5 43	5 28	5 9	4 44
,, 11	7 31	8 6	7 44	7 27	7 3	6 45	6 32	6 20	6 8	5 57	5 46	5 33	5 17	4 55
,, 18	7 18	7 46	7 28	7 14	6 53	6 39	6 27	6 16	6 7	5 57	5 48	5 37	5 23	5 5
,, 25	7 4	7 26	7 12	7 0	6 43	6 31	6 22	6 13	6 5	5 58	5 49	5 40	5 29	5 14
Sept. 1	6 48	7 5	6 54	6 45	6 33	6 23	6 16	6 9	6 3	5 57	5 51	5 44	5 36	5 25
,, 8	6 32	6 44	6 36	6 30	6 21	6 15	6 10	6 5	6 1	5 57	5 53	5 48	5 43	5 35
,, 15	6 17	6 23	6 18	6 15	6 10	6 6	6 3	6 1	5 58	5 57	5 55	5 53	5 50	5 47
,, 22	6 0	6 2	6 0	6 0	5 59	5 57	5 57	5 56	5 56	5 56	5 56	5 56	5 56	5 57
,, 29	5 44	5 40	5 42	5 44	5 47	5 49	5 50	5 52	5 54	5 56	5 58	6 0	6 3	6 7
Oct. 6	5 29	5 20	5 25	5 29	5 35	5 40	5 44	5 48	5 52	5 55	5 58	6 3	6 9	6 16
,, 13	5 13	4 59	5 8	5 14	5 24	5 32	5 38	5 44	5 50	5 55	6 2	6 9	6 18	6 30
,, 20	4 58	4 38	4 50	5 0	5 14	5 25	5 33	5 41	5 48	5 55	6 4	6 13	6 25	6 41
,, 27	4 44	4 19	4 34	4 47	5 5	5 18	5 29	5 38	5 47	5 57	6 7	6 18	6 33	6 53
Nov. 3	4 31	4 0	4 20	4 34	4 56	5 12	5 25	5 36	5 47	5 58	6 10	6 24	6 41	7 5
,, 10	4 20	3 43	4 6	4 24	4 49	5 7	5 22	5 35	5 48	6 0	6 14	6 29	6 49	7 16
,, 17	4 9	3 27	3 54	4 14	4 43	5 3	5 20	5 35	5 48	6 3	6 18	6 35	6 58	7 29
,, 24	4 1	3 14	3 44	4 7	4 38	5 1	5 19	5 35	5 50	6 5	6 22	6 41	7 5	7 39
Dec. 1	3 55	3 3	3 38	4 2	4 36	5 0	5 19	5 36	5 53	6 9	6 27	6 47	7 13	7 49
,, 8	3 52	2 56	3 33	3 58	4 35	5 0	5 21	5 39	5 56	6 12	6 31	6 52	7 19	7 58
,, 15	3 51	2 53	3 32	3 58	4 36	5 2	5 23	5 41	5 59	6 16	6 35	6 57	7 25	8 5
,, 22	3 54	2 54	3 34	4 1	4 38	5 5	5 26	5 45	6 2	6 20	6 39	7 1	7 29	8 10
,, 29	3 58	3 0	3 38	4 6	4 43	5 9	5 30	5 48	6 6	6 23	6 42	7 4	7 32	8 12
2014														
Jan. 5	4 6	3 10	3 47	4 13	4 48	5 14	5 34	5 52	6 9	6 26	6 44	7 6	7 33	8 11

Example:—To find the time of Sunset in Canberra (Latitude 35.3° S.) on Saturday, August 3rd, 2013. On July 28th, L.M.T. = 5h. 25m.—$\frac{5\cdot3}{10}$ × 21m. = 5h. 14m., on August 4th, L.M.T. = 5h. 28m.—$\frac{5\cdot3}{10}$ × 19m. = 5h. 18m., therefore L.M.T. on August 3rd = 5h. 14m. + $\frac{6}{7}$ × 4m. = 5h. 17m. P.M.

TABLES OF HOUSES FOR LONDON, *Latitude* 51° 32′ N.

Sidereal Time.	10 ♈	11 ♉	12 ♊	Ascen ♋	2 ♌	3 ♍	Sidereal Time.	10 ♉	11 ♊	12 ♋	Ascen ♌	2 ♍	3 ♍	Sidereal Time.	10 ♊	11 ♋	12 ♌	Ascen ♍	2 ♍	3 ♎
H. M. S.	°	°	°	° ′	°	°	H. M. S.	°	°	°	° ′	°	°	H. M. S.	°	°	°	° ′	°	°
0 0 0	0	9	22	26 36	12	3	1 51 37	0	9	17	16 28	4	28	3 51 15	0	8	11	7 21	28	25
0 3 40	1	10	23	27 17	13	3	1 55 27	1	10	18	17 8	5	29	3 55 25	1	9	12	8 5	29	26
0 7 20	2	11	24	27 56	14	4	1 59 17	2	11	19	17 48	6	♎	3 59 36	2	10	12	8 49	♎	27
0 11 0	3	12	25	28 42	15	5	2 3 8	3	12	19	18 28	7	1	4 3 48	3	10	13	9 33	1	28
0 14 41	4	13	25	29 17	15	6	2 6 59	4	13	20	19 9	8	2	4 8 0	4	11	14	10 17	2	29
0 18 21	5	14	26	29 55	16	7	2 10 51	5	14	21	19 49	9	2	4 12 13	5	12	15	11 2	2	♏
0 22 2	6	15	27	0♌34	17	8	2 14 44	6	15	22	20 29	9	3	4 16 26	6	13	16	11 46	3	1
0 25 42	7	16	28	1 14	18	8	2 18 37	7	16	22	21 10	10	4	4 20 40	7	14	17	12 30	4	2
0 29 23	8	17	29	1 55	18	9	2 22 31	8	17	23	21 51	11	5	4 24 55	8	15	17	13 15	5	3
0 33 4	9	18	♋	2 33	19	10	2 26 25	9	18	24	22 32	11	6	4 29 10	9	16	18	14 0	6	4
0 36 45	10	19	1	3 14	20	11	2 30 20	10	19	25	23 14	12	7	4 33 26	10	17	19	14 45	7	5
0 40 26	11	20	1	3 54	20	12	2 34 16	11	20	25	23 55	13	8	4 37 42	11	18	20	15 30	8	6
0 44 8	12	21	2	4 33	21	13	2 38 13	12	21	26	24 36	14	9	4 41 59	12	19	21	16 15	8	7
0 47 50	13	22	3	5 12	22	14	2 42 10	13	22	27	25 17	15	10	4 46 16	13	20	21	17 0	9	8
0 51 32	14	23	4	5 52	23	15	2 46 8	14	23	28	25 58	15	11	4 50 34	14	21	22	17 45	10	9
0 55 14	15	24	5	6 30	23	15	2 50 7	15	24	29	26 40	16	12	4 54 52	15	22	23	18 30	11	10
0 58 57	16	25	6	7 9	24	16	2 54 7	16	25	29	27 22	17	12	4 59 10	16	23	24	19 16	12	11
1 2 40	17	26	6	7 50	25	17	2 58 7	17	26	♌	28 4	18	13	5 3 29	17	24	25	20 3	13	12
1 6 23	18	27	7	8 30	26	18	3 2 8	18	27	1	28 46	18	14	5 7 49	18	25	26	20 49	14	13
1 10 7	19	28	8	9 9	26	19	3 6 9	19	27	2	29 28	19	15	5 12 9	19	25	27	21 35	14	14
1 13 51	20	29	9	9 48	27	19	3 10 12	20	28	3	0♍12	20	16	5 16 29	20	26	28	22 20	15	14
1 17 35	21	♊	10	10 28	28	20	3 14 15	21	29	3	0 54	21	17	5 20 49	21	27	28	23 6	16	15
1 21 20	22	1	10	11 8	28	21	3 18 19	22	♋	4	1 36	22	18	5 25 9	22	28	29	23 51	17	16
1 25 6	23	2	11	11 48	29	22	3 22 23	23	1	5	2 20	22	19	5 29 30	23	29	♍	24 37	18	17
1 28 52	24	3	12	12 28	♍	23	3 26 29	24	2	6	3 2	23	20	5 33 51	24	♌	1	25 23	19	18
1 32 38	25	4	13	13 8	1	24	3 30 35	25	3	7	3 45	24	21	5 38 12	25	1	2	26 9	20	19
1 36 25	26	5	14	13 48	1	25	3 34 41	26	4	7	4 28	25	22	5 42 34	26	2	3	26 55	21	20
1 40 12	27	6	14	14 28	2	25	3 38 49	27	5	8	5 11	26	23	5 46 55	27	3	4	27 41	21	21
1 44 0	28	7	15	15 8	3	26	3 42 57	28	6	9	5 54	27	24	5 51 17	28	4	4	28 27	22	22
1 47 48	29	8	16	15 48	4	27	3 47 6	29	7	10	6 38	27	25	5 55 38	29	5	5	29 13	23	23
1 51 37	30	9	17	16 28	4	28	3 51 15	30	8	11	7 21	28	25	6 0 0	30	6	6	30 0	24	24

Sidereal Time.	10 ♋	11 ♌	12 ♍	Ascen ♎	2 ♎	3 ♏	Sidereal Time.	10 ♌	11 ♍	12 ♎	Ascen ♎	2 ♏	3 ♐	Sidereal Time.	10 ♍	11 ♎	12 ♎	Ascen ♏	2 ♐	3 ♑
H. M. S.	°	°	°	° ′	°	°	H. M. S.	°	°	°	° ′	°	°	H. M. S.	°	°	°	° ′	°	°
6 0 0	0	6	6	0 0	24	24	8 8 45	0	5	2	22 40	19	22	10 8 23	0	2	26	13 33	13	20
6 4 22	1	7	7	0 47	25	25	8 12 54	1	5	3	23 24	20	23	10 12 12	1	3	26	14 13	14	21
6 8 43	2	8	8	1 33	26	26	8 17 3	2	6	3	24 7	21	24	10 16 0	2	4	27	14 53	15	22
6 13 5	3	9	9	2 19	27	27	8 21 11	3	7	4	24 50	22	25	10 19 48	3	5	28	15 33	15	23
6 17 26	4	10	10	3 5	27	28	8 25 19	4	8	5	25 34	23	26	10 23 35	4	5	29	16 13	16	24
6 21 48	5	11	10	3 51	28	29	8 29 26	5	9	6	26 18	23	27	10 27 22	5	6	29	16 52	17	25
6 26 9	6	12	11	4 37	29	♐	8 33 31	6	10	7	27 1	24	28	10 31 8	6	7	♏	17 32	18	26
6 30 30	7	13	12	5 23	♏	1	8 37 37	7	11	8	27 44	25	29	10 34 54	7	8	1	18 12	19	27
6 34 51	8	14	13	6 9	1	2	8 41 41	8	12	8	28 26	26	♑	10 38 40	8	9	2	18 52	20	28
6 39 11	9	15	14	6 55	2	3	8 45 45	9	13	9	29 8	27	1	10 42 25	9	10	2	19 31	20	29
6 43 31	10	16	15	7 40	2	4	8 49 48	10	14	10	29 50	27	2	10 46 9	10	11	3	20 11	21	♒
6 47 51	11	16	16	8 26	3	4	8 53 51	11	15	11	0♏32	28	3	10 49 53	11	11	4	20 50	22	1
6 52 11	12	17	16	9 12	4	5	8 57 52	12	16	12	1 15	29	4	10 53 37	12	12	4	21 30	23	2
6 56 31	13	18	17	9 58	5	6	9 1 53	13	17	12	1 58	♐	4	10 57 20	13	13	5	22 9	24	3
7 0 50	14	19	18	10 43	6	7	9 5 53	14	18	13	2 39	1	5	11 1 3	14	14	6	22 49	24	4
7 5 8	15	20	19	11 28	7	8	9 9 53	15	18	14	3 21	1	6	11 4 46	15	15	7	23 28	25	5
7 9 26	16	21	20	12 14	8	9	9 13 52	16	19	15	4 3	2	7	11 8 28	16	16	7	24 8	26	6
7 13 44	17	22	21	12 59	8	10	9 17 50	17	20	16	4 44	3	8	11 12 10	17	17	8	24 47	27	8
7 18 1	18	23	22	13 45	9	11	9 21 47	18	21	16	5 26	3	9	11 15 52	18	17	9	25 27	28	9
7 22 18	19	24	23	14 30	10	12	9 25 44	19	22	17	6 7	4	10	11 19 34	19	18	10	26 6	29	10
7 26 34	20	25	24	15 15	11	13	9 29 40	20	23	18	6 48	5	11	11 23 15	20	19	10	26 45	♑	11
7 30 50	21	26	25	16 0	12	14	9 33 35	21	24	18	7 29	5	12	11 26 56	21	20	11	27 25	0	12
7 35 5	22	27	25	16 45	13	15	9 37 29	22	25	19	8 9	6	13	11 30 37	22	21	12	28 5	1	13
7 39 20	23	28	26	17 30	13	16	9 41 23	23	26	20	8 50	7	14	11 34 18	23	22	13	28 44	2	14
7 43 34	24	29	27	18 15	14	17	9 45 16	24	27	21	9 31	8	15	11 37 58	24	23	13	29 24	3	15
7 47 47	25	♍	28	18 59	15	18	9 49 9	25	28	22	10 11	9	16	11 41 39	25	23	14	0♐3	4	16
7 52 0	26	1	29	19 43	16	19	9 53 1	26	28	23	10 51	9	17	11 45 19	26	24	15	0 43	5	17
7 56 12	27	2	29	20 27	17	20	9 56 52	27	29	23	11 32	10	18	11 49 0	27	25	15	1 23	6	18
8 0 24	28	3	♎	21 11	18	20	10 0 43	28	♎	24	12 12	11	19	11 52 40	28	26	16	2 3	6	19
8 4 35	29	4	1	21 56	18	21	10 4 33	29	1	25	12 53	12	20	11 56 20	29	27	17	2 43	7	20
8 8 45	30	5	2	22 40	19	22	10 8 23	30	2	26	13 33	13	20	12 0 0	30	27	17	3 23	8	21

TABLES OF HOUSES FOR LONDON, Latitude 51° 32' N.

Sidereal Time.	10 ♎	11 ♎	12 ♏	Ascen ♐	2 ♑	3 ♒
H. M. S.	°	°	°	° '	°	°
12 0 0	0	27	17	3 23	8	21
12 3 40	1	28	18	4 4	9	23
12 7 20	2	29	19	4 45	10	24
12 11 0	3	♏	20	5 26	11	25
12 14 41	4	1	20	6 7	12	26
12 18 21	5	1	21	6 48	13	27
12 22 2	6	2	22	7 29	14	28
12 25 42	7	3	23	8 10	15	29
12 29 23	8	4	23	8 51	16	♓
12 33 4	9	5	24	9 33	17	2
12 36 45	10	6	25	10 15	18	3
12 40 26	11	6	25	10 57	19	4
12 44 8	12	7	26	11 40	20	5
12 47 50	13	8	27	12 22	21	6
12 51 32	14	9	28	13 4	22	7
12 55 14	15	10	28	13 47	23	9
12 58 57	16	11	29	14 30	24	10
13 2 40	17	11	♐	15 14	25	11
13 6 23	18	12	1	15 59	26	12
13 10 7	19	13	1	16 44	27	13
13 13 51	20	14	2	17 29	28	15
13 17 35	21	15	3	18 14	29	16
13 21 20	22	16	4	19 0	♒	17
13 25 6	23	16	4	19 45	1	18
13 28 52	24	17	5	20 31	2	20
13 32 38	25	18	6	21 18	4	21
13 36 25	26	19	7	22 6	5	22
13 40 12	27	20	7	22 54	6	23
13 44 0	28	21	8	23 42	7	25
13 47 48	29	21	9	24 31	8	26
13 51 37	30	22	10	25 20	10	27

Sidereal Time.	10 ♏	11 ♏	12 ♐	Ascen ♐	2 ♒	3 ♓
H. M. S.	°	°	°	° '	°	°
13 51 37	0	22	10	25 20	10	27
13 55 27	1	23	11	26 10	11	28
13 59 17	2	24	11	27 2	12	♈
14 3 8	3	25	12	27 53	14	1
14 6 59	4	26	13	28 45	15	2
14 10 51	5	26	14	29 36	16	4
14 14 44	6	27	15	0♑29	18	5
14 18 37	7	28	15	1 23	19	6
14 22 31	8	29	16	2 18	20	8
14 26 25	9	♐	17	3 14	22	9
14 30 20	10	1	18	4 11	23	10
14 34 16	11	2	19	5 9	25	11
14 38 13	12	2	20	6 7	26	13
14 42 10	13	3	20	7 6	28	14
14 46 8	14	4	21	8 6	29	15
14 50 7	15	5	22	9 8	♓	17
14 54 7	16	6	23	10 11	2	18
14 58 7	17	7	24	11 15	4	19
15 2 8	18	8	25	12 20	6	21
15 6 9	19	9	26	13 27	8	22
15 10 12	20	9	27	14 35	9	23
15 14 15	21	10	27	15 43	11	24
15 18 19	22	11	28	16 52	13	26
15 22 23	23	12	29	18 3	14	27
15 26 29	24	13	♑	19 16	16	28
15 30 35	25	14	1	20 32	17	29
15 34 41	26	15	2	21 48	19	♉
15 38 49	27	16	3	23 8	21	2
15 42 57	28	17	4	24 29	22	3
15 47 6	29	18	5	25 51	24	5
15 51 15	30	18	6	27 15	26	6

Sidereal Time.	10 ♐	11 ♐	12 ♑	Ascen ♑	2 ♓	3 ♉
H. M. S.	°	°	°	° '	°	°
15 51 15	0	18	6	27 15	26	6
15 55 25	1	19	7	28 42	28	7
15 59 36	2	20	8	0♒11	♈	9
16 3 48	3	21	9	1 42	2	10
16 8 0	4	22	10	3 16	3	11
16 12 13	5	23	11	4 53	5	12
16 16 26	6	24	12	6 32	7	14
16 20 40	7	25	13	8 13	9	15
16 24 55	8	26	14	9 57	11	16
16 29 10	9	27	16	11 44	12	17
16 33 26	10	28	17	13 34	14	18
16 37 42	11	29	18	15 26	16	20
16 41 59	12	♑	19	17 20	18	21
16 46 16	13	1	20	19 18	20	22
16 50 34	14	2	21	21 22	21	23
16 54 52	15	3	22	23 29	23	25
16 59 10	16	4	24	25 36	25	26
17 3 29	17	5	25	27 46	27	27
17 7 49	18	6	26	0♓ 0	28	28
17 12 9	19	7	27	2 19	♉	29
17 16 29	20	8	29	4 40	2	♊
17 20 49	21	9	♒	7 2	3	1
17 25 9	22	10	1	9 26	5	2
17 29 30	23	11	3	11 54	7	3
17 33 51	24	12	4	14 24	8	5
17 38 12	25	13	5	17 0	10	6
17 42 34	26	14	7	19 33	11	7
17 46 55	27	15	8	22 6	13	8
17 51 17	28	16	10	24 40	14	9
17 55 38	29	17	11	27 20	16	10
18 0 0	30	18	13	30 0	17	11

Sidereal Time.	10 ♑	11 ♑	12 ♒	Ascen ♈	2 ♉	3 ♊
H. M. S.	°	°	°	° '	°	°
18 0 0	0	18	13	0 0	17	11
18 4 22	1	20	14	2 39	19	13
18 8 43	2	21	16	5 19	20	14
18 13 5	3	22	17	7 55	22	15
18 17 26	4	23	19	10 29	23	16
18 21 48	5	24	20	13 2	25	17
18 26 9	6	25	22	15 36	26	18
18 30 30	7	26	23	18 6	28	19
18 34 51	8	27	25	20 34	29	20
18 39 11	9	29	27	22 59	♊	21
18 43 31	10	♒	28	25 22	1	22
18 47 51	11	1	♓	27 42	2	23
18 52 11	12	2	2	29 58	4	24
18 56 31	13	3	3	2♉13	5	25
19 0 50	14	4	5	4 24	6	26
19 5 8	15	6	7	6 30	8	27
19 9 26	16	7	9	8 36	9	28
19 13 44	17	8	10	10 40	10	29
19 18 1	18	9	12	12 39	11	♋
19 22 18	19	10	14	14 35	12	1
19 26 34	20	12	16	16 28	13	2
19 30 50	21	13	18	18 17	14	3
19 35 5	22	14	19	20 3	16	4
19 39 20	23	15	21	21 48	17	5
19 43 34	24	16	23	23 29	18	6
19 47 47	25	18	25	25 9	19	7
19 52 0	26	19	27	26 45	20	8
19 56 12	27	20	28	28 18	21	9
20 0 24	28	21	♈	29 49	22	10
20 4 35	29	23	2	1♊19	23	11
20 8 45	30	24	4	2 45	24	12

Sidereal Time.	10 ♒	11 ♒	12 ♈	Ascen ♊	2 ♊	3 ♋
H. M. S.	°	°	°	° '	°	°
20 8 45	0	24	4	2 45	24	12
20 12 54	1	25	6	4 9	25	12
20 17 3	2	27	7	5 32	26	13
20 21 11	3	28	9	6 53	27	14
20 25 19	4	29	11	8 12	28	15
20 29 26	5	♓	13	9 27	29	16
20 33 31	6	2	14	10 43	♋	17
20 37 37	7	3	16	11 58	1	18
20 41 41	8	4	18	13 9	2	19
20 45 45	9	6	19	14 18	3	20
20 49 48	10	7	21	15 25	3	21
20 53 51	11	8	23	16 32	4	21
20 57 52	12	9	24	17 39	5	22
21 1 53	13	11	26	18 44	6	23
21 5 53	14	12	28	19 48	7	24
21 9 53	15	13	29	20 51	8	25
21 13 52	16	15	♉	21 53	9	26
21 17 50	17	16	2	22 53	10	27
21 21 47	18	17	4	23 52	10	28
21 25 44	19	19	5	24 51	11	28
21 29 40	20	20	7	25 48	12	29
21 33 35	21	22	8	26 44	13	♌
21 37 29	22	23	10	27 40	14	1
21 41 23	23	24	11	28 34	15	2
21 45 16	24	25	13	29 29	15	3
21 49 9	25	26	14	0♋22	16	4
21 53 1	26	28	15	1 15	17	4
21 56 52	27	29	16	2 7	18	5
22 0 43	28	♈	18	2 57	19	6
22 4 33	29	2	19	3 48	19	7
22 8 23	30	3	20	4 38	20	8

Sidereal Time.	10 ♓	11 ♈	12 ♉	Ascen ♋	2 ♋	3 ♌
H. M. S.	°	°	°	° '	°	°
22 8 23	0	3	20	4 38	20	8
22 12 12	1	4	21	5 28	21	8
22 16 0	2	6	23	6 17	22	9
22 19 48	3	7	24	7 5	23	10
22 23 35	4	8	25	7 53	23	11
22 27 22	5	9	26	8 42	24	12
22 31 8	6	10	28	9 29	25	13
22 34 54	7	12	29	10 16	26	14
22 38 40	8	13	♊	11 2	26	14
22 42 25	9	14	1	11 47	27	15
22 46 9	10	15	2	12 31	28	16
22 49 53	11	17	3	13 16	29	17
22 53 37	12	18	4	14 1	29	18
22 57 20	13	19	5	14 45	♌	19
23 1 3	14	20	6	15 28	1	19
23 4 46	15	21	7	16 11	2	20
23 8 28	16	23	8	16 54	2	21
23 12 10	17	24	9	17 37	3	22
23 15 52	18	25	10	18 20	4	23
23 19 34	19	26	11	19 3	5	24
23 23 15	20	27	12	19 45	5	24
23 26 56	21	29	13	20 26	6	25
23 30 37	22	♉	14	21 8	7	26
23 34 18	23	1	15	21 50	7	27
23 37 58	24	2	16	22 31	8	28
23 41 39	25	3	17	23 12	9	28
23 45 19	26	4	18	23 53	9	29
23 49 0	27	5	19	24 32	10	♍
23 52 40	28	6	20	25 15	11	1
23 56 20	29	8	21	25 56	12	2
24 0 0	30	9	22	26 36	13	3

TABLES OF HOUSES FOR LIVERPOOL, Latitude 53º 25' N.

Sidereal Time.	10 ♈	11 ♉	12 ♊	Ascen ♋	2 ♌	3 ♍
H. M. S.	°	°	°	° '	°	°
0 0 0	0	9	24	28 12	14	3
0 3 40	1	10	25	28 51	14	4
0 7 20	2	12	25	29 30	15	4
0 11 0	3	13	26	0♌ 9	16	5
0 14 41	4	14	27	0 48	17	6
0 18 21	5	15	28	1 27	17	7
0 22 2	6	16	29	2 6	18	8
0 25 42	7	17	♋	2 44	19	9
0 29 23	8	18	1	3 22	19	10
0 33 4	9	19	1	4 1	20	10
0 36 45	10	20	2	4 39	21	11
0 40 26	11	21	3	5 18	22	12
0 44 8	12	22	4	5 56	22	13
0 47 50	13	23	5	6 34	23	14
0 51 32	14	24	6	7 13	24	14
0 55 14	15	25	6	7 51	24	15
0 58 57	16	26	7	8 30	25	16
1 2 40	17	27	8	9 8	26	17
1 6 23	18	28	9	9 47	26	18
1 10 7	19	29	10	10 25	27	19
1 13 51	20	♊	11	11 4	28	19
1 17 35	21	1	11	11 43	28	20
1 21 20	22	2	12	12 21	29	21
1 25 6	23	3	13	13 0	♍	22
1 28 52	24	4	14	13 39	1	23
1 32 38	25	5	15	14 17	1	24
1 36 25	26	6	15	14 56	2	25
1 40 12	27	7	16	15 35	3	25
1 44 0	28	8	17	16 14	3	26
1 47 48	29	9	18	16 53	4	27
1 51 37	30	10	18	17 32	5	28

Sidereal Time.	10 ♉	11 ♊	12 ♋	Ascen ♌	2 ♍	3 ♍
H. M. S.	°	°	°	° '	°	°
1 51 37	0	10	18	17 32	5	28
1 55 27	1	11	19	18 11	6	29
1 59 17	2	12	20	18 51	6	♎
2 3 8	3	13	21	19 30	7	1
2 6 59	4	14	22	20 9	8	2
2 10 51	5	15	22	20 49	9	2
2 14 44	6	16	23	21 28	9	3
2 18 37	7	17	24	22 8	10	4
2 22 31	8	18	25	22 48	11	5
2 26 25	9	19	25	23 28	12	6
2 30 20	10	20	26	24 8	12	7
2 34 16	11	21	27	24 48	13	8
2 38 13	12	22	28	25 28	14	9
2 42 10	13	23	29	26 8	15	10
2 46 8	14	24	29	26 49	15	10
2 50 7	15	25	♌	27 29	16	11
2 54 7	16	26	1	28 10	17	12
2 58 7	17	27	2	28 51	18	13
3 2 8	18	28	2	29 32	19	14
3 6 9	19	29	3	0♍13	19	15
3 10 12	20	29	4	0 54	20	16
3 14 15	21	♋	5	1 36	21	17
3 18 19	22	1	5	2 17	22	18
3 22 23	23	2	6	2 59	23	19
3 26 29	24	3	7	3 41	23	20
3 30 35	25	4	8	4 23	24	21
3 34 41	26	5	9	5 5	25	22
3 38 49	27	6	10	5 47	26	22
3 42 57	28	7	10	6 29	27	23
3 47 6	29	8	11	7 12	27	24
3 51 15	30	9	12	7 55	28	25

Sidereal Time.	10 ♊	11 ♋	12 ♌	Ascen ♍	2 ♍	3 ♎
H. M. S.	°	°	°	° '	°	°
3 51 15	0	9	12	7 55	28	25
3 55 25	1	10	13	8 37	29	26
3 59 36	2	11	13	9 20	♎	27
4 3 48	3	12	14	10 3	1	28
4 8 0	4	12	15	10 46	2	29
4 12 13	5	13	16	11 30	2	♏
4 16 26	6	14	17	12 13	3	1
4 20 40	7	15	18	12 56	4	2
4 24 55	8	16	18	13 40	5	3
4 29 10	9	17	19	14 24	6	4
4 33 26	10	18	20	15 8	7	5
4 37 42	11	19	21	15 52	7	6
4 41 59	12	20	21	16 36	8	6
4 46 16	13	21	22	17 20	9	7
4 50 34	14	22	23	18 4	10	8
4 54 52	15	23	24	18 48	11	9
4 59 10	16	24	25	19 32	12	10
5 3 29	17	24	26	20 17	12	11
5 7 49	18	25	26	21 1	13	12
5 12 9	19	26	27	21 46	14	13
5 16 29	20	27	28	22 31	15	14
5 20 49	21	28	29	23 16	16	15
5 25 9	22	29	♍	24 0	17	16
5 29 30	23	♌	1	24 45	18	17
5 33 51	24	1	1	25 30	18	18
5 38 12	25	2	2	26 15	19	19
5 42 34	26	3	3	27 0	20	20
5 46 55	27	4	4	27 45	21	21
5 51 17	28	5	5	28 30	22	21
5 55 38	29	6	6	29 15	23	22
6 0 0	30	7	7	30 0	23	23

Sidereal Time.	10 ♋	11 ♌	12 ♍	Ascen ♎	2 ♎	3 ♏
H. M. S.	°	°	°	° '	°	°
6 0 0	0	7	7	0 0	23	23
6 4 22	1	8	7	0 45	24	24
6 8 43	2	9	8	1 30	25	25
6 13 5	3	9	9	2 15	26	26
6 17 26	4	10	10	3 0	27	27
6 21 48	5	11	11	3 45	28	28
6 26 9	6	12	12	4 30	29	29
6 30 30	7	13	12	5 15	29	♐
6 34 51	8	14	13	6 0	♏	1
6 39 11	9	15	14	6 44	1	2
6 43 31	10	16	15	7 29	2	3
6 47 51	11	17	16	8 14	3	4
6 52 11	12	18	17	8 59	4	5
6 56 31	13	19	18	9 43	4	6
7 0 50	14	20	18	10 27	5	6
7 5 8	15	21	19	11 11	6	7
7 9 26	16	22	20	11 56	7	8
7 13 44	17	23	21	12 40	8	9
7 18 1	18	24	22	13 24	8	10
7 22 18	19	24	23	14 8	9	11
7 26 34	20	25	23	14 52	10	12
7 30 50	21	26	24	15 36	11	13
7 35 5	22	27	25	16 20	12	14
7 39 20	23	28	26	17 4	13	15
7 43 34	24	29	27	17 47	13	16
7 47 47	25	♍	28	18 30	14	17
7 52 0	26	1	28	19 13	15	18
7 56 12	27	2	29	19 57	16	18
8 0 24	28	3	♎	20 40	17	19
8 4 35	29	4	1	21 23	17	20
8 8 45	30	5	2	22 5	18	21

Sidereal Time.	10 ♌	11 ♍	12 ♎	Ascen ♎	2 ♏	3 ♐
H. M. S.	°	°	°	° '	°	°
8 8 45	0	5	2	22 5	18	21
8 12 54	1	6	2	22 48	19	22
8 17 3	2	7	3	23 30	20	23
8 21 11	3	8	4	24 13	20	24
8 25 19	4	8	5	24 55	21	25
8 29 26	5	9	6	25 37	22	26
8 33 31	6	10	7	26 19	23	27
8 37 37	7	11	7	27 1	24	28
8 41 41	8	12	8	27 43	25	29
8 45 45	9	13	9	28 24	25	♑
8 49 48	10	14	10	29 6	26	1
8 53 51	11	15	11	29 47	27	1
8 57 52	12	16	11	0♏28	28	2
9 1 53	13	17	12	1 9	28	3
9 5 53	14	18	13	1 50	29	4
9 9 53	15	19	14	2 31	♐	5
9 13 52	16	19	15	3 11	1	6
9 17 50	17	20	15	3 52	1	7
9 21 47	18	21	16	4 32	2	8
9 25 44	19	22	17	5 12	3	9
9 29 40	20	23	18	5 52	4	10
9 33 35	21	24	18	6 32	5	11
9 37 29	22	25	19	7 12	5	12
9 41 23	23	26	20	7 52	6	13
9 45 16	24	27	21	8 32	7	14
9 49 9	25	27	21	9 12	8	15
9 53 1	26	28	22	9 51	8	16
9 56 52	27	29	23	10 30	9	17
10 0 43	28	♎	24	11 9	10	17
10 4 33	29	1	24	11 49	11	18
10 8 23	30	2	25	12 28	11	19

Sidereal Time.	10 ♍	11 ♎	12 ♎	Ascen ♏	2 ♐	3 ♑
H. M. S.	°	°	°	° '	°	°
10 8 23	0	2	25	12 28	11	19
10 12 12	1	3	26	13 6	12	20
10 16 0	2	4	27	13 45	13	21
10 19 48	3	4	27	14 25	14	22
10 23 35	4	5	28	15 4	15	23
10 27 22	5	6	29	15 42	15	24
10 31 8	6	7	29	16 21	16	25
10 34 54	7	8	♏	17 0	17	26
10 38 40	8	9	1	17 39	18	27
10 42 25	9	10	2	18 17	18	28
10 46 9	10	10	2	18 55	19	29
10 49 53	11	11	3	19 34	20	♒
10 53 37	12	12	4	20 13	21	1
10 57 20	13	13	4	20 52	22	2
11 1 3	14	14	5	21 30	22	3
11 4 46	15	15	6	22 8	23	5
11 8 28	16	16	7	22 46	24	6
11 12 10	17	16	7	23 25	25	7
11 15 52	18	17	8	24 4	26	8
11 19 34	19	18	9	24 42	26	9
11 23 15	20	19	9	25 21	27	10
11 26 56	21	20	10	25 59	28	11
11 30 37	22	20	11	26 38	29	12
11 34 18	23	21	12	27 16	♑	13
11 37 58	24	22	12	27 54	1	14
11 41 39	25	23	13	28 33	1	15
11 45 19	26	24	14	29 11	2	16
11 49 0	27	25	14	29 50	3	17
11 52 40	28	26	15	0♐30	4	18
11 56 20	29	26	16	1 9	5	20
12 0 0	30	27	16	1 48	6	21

TABLES OF HOUSES FOR LIVERPOOL, *Latitude* 53º 25' N.

Sidereal Time.	10 ♎	11 ♎	12 ♏	Ascen ♐	2 ♑	3 ♒	Sidereal Time.	10 ♏	11 ♏	12 ♐	Ascen ♐	2 ♒	3 ♓	Sidereal Time.	10 ♐	11 ♐	12 ♑	Ascen ♑	2 ♓	3 ♉
H. M. S.	°	°	°	° '	°	°	H. M. S.	°	°	°	° '	°	°	H. M. S.	°	°	°	° '	°	°
12 0 0	0	27	16	1 48	6	21	13 51 37	0	21	8	23 6	8	27	15 51 15	0	17	4	24 15	26	7
12 3 40	1	28	17	2 27	7	22	13 55 27	1	22	9	23 55	9	28	15 55 25	1	18	5	25 41	28	8
12 7 20	2	29	18	3 6	8	23	13 59 17	2	23	10	24 43	10	♈	15 59 36	2	19	6	27 10	♈	9
12 11 0	3	♏	18	3 46	9	24	14 3 8	3	24	10	25 33	12	1	16 3 48	3	20	7	28 41	2	10
12 14 41	4	0	19	4 25	10	25	14 6 59	4	25	11	26 23	13	2	16 8 0	4	21	8	0♒14	4	12
12 18 21	5	1	20	5 6	10	26	14 10 51	5	26	12	27 14	15	4	16 12 13	5	22	9	1 50	5	13
12 22 2	6	2	21	5 46	11	28	14 14 44	6	26	13	28 6	16	5	16 16 26	6	23	10	3 30	7	14
12 25 42	7	3	21	6 26	12	29	14 18 37	7	27	13	28 59	18	6	16 20 40	7	24	11	5 13	9	15
12 29 23	8	4	22	7 6	13	♓	14 22 31	8	28	14	29 52	19	8	16 24 55	8	25	12	6 58	11	17
12 33 4	9	4	23	7 46	14	1	14 26 25	9	29	15	0♑46	20	9	16 29 10	9	26	13	8 46	13	18
12 36 45	10	5	24	8 27	15	2	14 30 20	10	♐	16	1 41	22	10	16 33 26	10	27	14	10 38	15	19
12 40 26	11	6	24	9 8	16	3	14 34 16	11	1	17	2 36	23	11	16 37 42	11	28	15	12 32	17	20
12 44 8	12	7	25	9 49	17	5	14 38 13	12	2	18	3 33	25	13	16 41 59	12	29	16	14 31	19	22
12 47 50	13	8	26	10 30	18	6	14 42 10	13	2	18	4 30	26	14	16 46 16	13	♑	18	16 33	20	23
12 51 32	14	9	26	11 12	19	7	14 46 8	14	3	19	5 29	28	16	16 50 34	14	1	19	18 40	22	24
12 55 14	15	9	27	11 54	20	8	14 50 7	15	4	20	6 29	♓	17	16 54 52	15	2	20	20 50	24	25
12 58 57	16	10	28	12 36	21	10	14 54 7	16	5	21	7 30	1	18	16 59 10	16	3	21	23 4	26	26
13 2 40	17	11	28	13 19	22	11	14 58 7	17	6	22	8 32	3	20	17 3 29	17	4	22	25 21	28	28
13 6 23	18	12	29	14 2	23	12	15 2 8	18	7	23	9 35	5	21	17 7 49	18	5	24	27 42	29	29
13 10 7	19	13	♐	14 45	25	13	15 6 9	19	8	24	10 39	6	22	17 12 9	19	6	25	0♓8	♉	♊
13 13 51	20	13	1	15 28	26	15	15 10 12	20	8	24	11 45	8	23	17 16 29	20	7	26	2 37	3	1
13 17 35	21	14	1	16 12	27	16	15 14 15	21	9	25	12 52	10	25	17 20 49	21	8	28	5 10	5	3
13 21 20	22	15	2	16 56	28	17	15 18 19	22	10	26	14 1	11	26	17 25 9	22	9	29	7 46	6	4
13 25 6	23	16	3	17 41	29	18	15 22 23	23	11	27	15 11	13	27	17 29 30	23	10	♒	10 24	8	5
13 28 52	24	17	4	18 26	♒	19	15 26 29	24	12	28	16 23	15	29	17 33 51	24	11	2	13 7	10	6
13 32 38	25	17	4	19 11	1	21	15 30 35	25	13	29	17 37	17	♉	17 38 12	25	12	3	15 52	11	7
13 36 25	26	18	5	19 57	3	22	15 34 41	26	14	♑	18 53	19	1	17 42 34	26	13	4	18 38	13	8
13 40 12	27	19	6	20 44	4	23	15 38 49	27	15	1	20 10	21	3	17 46 55	27	14	6	21 27	15	9
13 44 0	28	20	7	21 31	5	24	15 42 57	28	16	2	21 29	22	4	17 51 17	28	15	7	24 17	16	10
13 47 48	29	21	7	22 18	7	26	15 47 6	29	16	3	22 51	24	5	17 55 38	29	16	9	27 8	18	12
13 51 37	30	21	8	23 6	8	27	15 51 15	30	17	4	24 15	26	7	18 0 0	30	17	11	30 0	19	13

Sidereal Time.	10 ♑	11 ♑	12 ♒	Ascen ♈	2 ♉	3 ♊	Sidereal Time.	10 ♒	11 ♒	12 ♈	Ascen ♊	2 ♊	3 ♋	Sidereal Time.	10 ♓	11 ♈	12 ♉	Ascen ♋	2 ♋	3 ♌
H. M. S.	°	°	°	° '	°	°	H. M. S.	°	°	°	° '	°	°	H. M. S.	°	°	°	° '	°	°
18 0 0	0	17	11	0 0	19	13	20 8 45	0	23	4	5 45	26	13	22 8 23	0	3	22	6 54	22	8
18 4 22	1	18	12	2 52	21	14	20 12 54	1	25	6	7 9	27	14	22 12 12	1	4	23	7 42	23	9
18 8 43	2	20	14	5 43	23	15	20 17 3	2	26	8	8 31	28	14	22 16 0	2	5	25	8 29	23	10
18 13 5	3	21	15	8 33	24	16	20 21 11	3	27	9	9 50	29	15	22 19 48	3	7	26	9 16	24	11
18 17 26	4	22	17	11 22	25	17	20 25 19	4	29	11	11 7	♋	16	22 23 35	4	8	27	10 3	25	12
18 21 48	5	23	19	14 8	27	18	20 29 26	5	♓	13	12 23	1	17	22 27 22	5	9	29	10 49	26	13
18 26 9	6	24	20	16 53	28	19	20 33 31	6	1	15	13 37	2	18	22 31 8	6	11	♊	11 34	26	13
18 30 30	7	25	22	19 36	♊	20	20 37 37	7	3	17	14 49	3	19	22 34 54	7	12	1	12 19	27	14
18 34 51	8	26	24	22 14	1	21	20 41 41	8	4	19	15 59	4	20	22 38 40	8	13	2	13 3	28	15
18 39 11	9	27	25	24 50	2	22	20 45 45	9	5	20	17 8	5	21	22 42 25	9	14	3	13 48	29	16
18 43 31	10	29	27	27 23	4	23	20 49 48	10	7	22	18 15	6	22	22 46 9	10	16	4	14 32	29	17
18 47 51	11	♒	28	29 52	5	24	20 53 51	11	8	24	19 21	7	22	22 49 53	11	17	5	15 15	♌	17
18 52 11	12	1	♓	2♉18	6	25	20 57 52	12	10	25	20 25	7	23	22 53 37	12	18	7	15 58	1	18
18 56 31	13	2	2	4 39	8	26	21 1 53	13	11	27	21 28	8	24	22 57 20	13	19	8	16 41	2	19
19 0 50	14	4	4	6 56	9	27	21 5 53	14	12	29	22 30	9	25	23 1 3	14	20	9	17 24	2	20
19 5 8	15	5	6	9 10	10	28	21 9 53	15	13	♉	23 31	10	26	23 4 46	15	22	10	18 6	3	21
19 9 26	16	6	8	11 20	11	29	21 13 52	16	14	2	24 31	11	27	23 8 28	16	23	11	18 48	4	21
19 13 44	17	7	10	13 27	12	♋	21 17 50	17	16	4	25 30	12	28	23 12 10	17	24	12	19 30	4	22
19 18 1	18	8	11	15 29	14	1	21 21 47	18	17	5	26 27	12	28	23 15 52	18	25	13	20 11	5	23
19 22 18	19	9	13	17 28	15	2	21 25 44	19	18	7	27 24	13	29	23 19 34	19	27	14	20 52	6	24
19 26 34	20	11	15	19 22	16	3	21 29 40	20	20	8	28 19	14	♌	23 23 15	20	28	15	21 33	6	25
19 30 50	21	12	17	21 14	17	4	21 33 35	21	21	10	29 14	15	1	23 26 56	21	29	16	22 14	7	26
19 35 5	22	13	19	23 2	18	5	21 37 29	22	22	11	0♋8	16	2	23 30 37	22	♉	17	22 54	8	26
19 39 20	23	15	21	24 47	19	6	21 41 23	23	24	12	1 1	17	3	23 34 18	23	1	18	23 34	9	27
19 43 34	24	16	23	26 30	20	7	21 45 16	24	25	14	1 54	17	4	23 37 58	24	2	19	24 14	9	28
19 47 47	25	17	25	28 10	21	8	21 49 9	25	26	15	2 46	18	4	23 41 39	25	4	20	24 54	10	29
19 52 0	26	18	26	29 46	22	9	21 53 1	26	28	17	3 37	19	5	23 45 19	26	5	21	25 35	11	♍
19 56 12	27	20	28	1♊19	23	10	21 56 52	27	29	18	4 27	20	6	23 49 0	27	6	22	26 14	11	0
20 0 24	28	21	♈	2 50	24	11	22 0 43	28	♈	20	5 17	20	7	23 52 40	28	7	22	26 54	12	1
20 4 35	29	22	2	4 19	25	12	22 4 33	29	2	21	6 5	21	8	23 56 20	29	8	23	27 33	13	2
20 8 45	30	23	4	5 45	26	13	22 8 23	30	3	22	6 54	22	8	24 0 0	30	9	24	28 12	14	3

TABLES OF HOUSES FOR NEW YORK, Latitude 40° 43' *N.*

Sidereal Time.	10 ♈	11 ♉	12 ♊	Ascen ♋	2 ♌	3 ♍
H. M. S.	°	°	°	° '	°	°
0 0 0	0	6	15	18 53	8	1
0 3 40	1	7	16	19 38	9	2
0 7 20	2	8	17	20 23	10	3
0 11 0	3	9	18	21 12	11	4
0 14 41	4	11	19	21 55	12	5
0 18 21	5	12	20	22 40	12	5
0 22 2	6	13	21	23 24	13	6
0 25 42	7	14	22	24 8	14	7
0 29 23	8	15	23	24 54	15	8
0 33 4	9	16	23	25 37	15	9
0 36 45	10	17	24	26 22	16	10
0 40 26	11	18	25	27 5	17	11
0 44 8	12	19	26	27 50	18	12
0 47 50	13	20	27	28 33	19	13
0 51 32	14	21	28	29 18	19	13
0 55 14	15	22	28	0♌ 3	20	14
0 58 57	16	23	29	0 46	21	15
1 2 40	17	24	♋	1 31	22	16
1 6 23	18	25	1	2 14	22	17
1 10 7	19	26	2	2 58	23	18
1 13 51	20	27	3	3 43	24	19
1 17 35	21	28	3	4 27	25	20
1 21 20	22	29	4	5 12	25	21
1 25 6	23	♊	5	5 56	26	22
1 28 52	24	1	6	6 40	27	22
1 32 38	25	2	7	7 25	28	23
1 36 25	26	2	8	8 9	29	24
1 40 12	27	3	9	8 53	♍	25
1 44 0	28	4	10	9 38	1	26
1 47 48	29	5	10	10 24	1	27
1 51 37	30	6	11	11 8	2	28

Sidereal Time.	10 ♉	11 ♊	12 ♋	Ascen ♌	2 ♍	3 ♍
H. M. S.	°	°	°	° '	°	°
1 51 37	0	6	11	11 8	2	28
1 55 27	1	7	12	11 53	3	29
1 59 17	2	8	13	12 38	4	♎
2 3 8	3	9	14	13 22	5	1
2 6 59	4	10	15	14 8	5	2
2 10 51	5	11	15	14 53	6	3
2 14 44	6	12	16	15 39	7	4
2 18 37	7	13	17	16 24	8	4
2 22 31	8	14	18	17 10	9	5
2 26 25	9	15	19	17 56	10	6
2 30 20	10	16	20	18 41	10	7
2 34 16	11	17	20	19 27	11	8
2 38 13	12	18	21	20 14	12	9
2 42 10	13	19	22	21 0	13	10
2 46 8	14	19	23	21 47	14	11
2 50 7	15	20	24	22 33	15	12
2 54 7	16	21	25	23 20	16	13
2 58 7	17	22	25	24 7	17	14
3 2 8	18	23	26	24 54	17	15
3 6 9	19	24	27	25 42	18	16
3 10 12	20	25	28	26 29	19	17
3 14 15	21	26	29	27 17	20	18
3 18 19	22	27	♌	28 4	21	19
3 22 23	23	28	1	28 52	22	20
3 26 29	24	29	1	29 40	23	21
3 30 35	25	♋	2	0♍29	24	22
3 34 41	26	1	3	1 17	24	23
3 38 49	27	2	4	2 6	25	24
3 42 57	28	3	5	2 55	26	25
3 47 6	29	4	6	3 43	27	26
3 51 15	30	5	7	4 32	28	27

Sidereal Time.	10 ♊	11 ♋	12 ♌	Ascen ♍	2 ♍	3 ♎
H. M. S.	°	°	°	° '	°	°
3 51 15	0	5	7	4 32	28	27
3 55 25	1	6	8	5 22	29	28
3 59 36	2	6	8	6 10	♎	29
4 3 48	3	7	9	7 0	1	♏
4 8 0	4	8	10	7 49	2	1
4 12 13	5	9	11	8 40	3	2
4 16 26	6	10	12	9 30	4	3
4 20 40	7	11	13	10 19	4	4
4 24 55	8	12	14	11 10	5	5
4 29 10	9	13	15	12 0	6	6
4 33 26	10	14	16	12 51	7	7
4 37 42	11	15	16	13 41	8	8
4 41 59	12	16	17	14 32	9	9
4 46 16	13	17	18	15 23	10	10
4 50 34	14	18	19	16 14	11	11
4 54 52	15	19	20	17 5	12	12
4 59 10	16	20	21	17 56	13	13
5 3 29	17	21	22	18 47	14	14
5 7 49	18	22	23	19 39	15	15
5 12 9	19	23	24	20 30	16	16
5 16 29	20	24	25	21 22	17	17
5 20 49	21	25	25	22 13	18	18
5 25 9	22	26	26	23 5	18	19
5 29 30	23	27	27	23 57	19	20
5 33 51	24	28	28	24 49	20	21
5 38 12	25	29	29	25 40	21	22
5 42 34	26	♌	♍	26 32	22	22
5 46 55	27	1	1	27 25	23	23
5 51 17	28	2	2	28 16	24	24
5 55 38	29	3	3	29 8	25	25
6 0 0	30	4	4	30 0	26	26

Sidereal Time.	10 ♋	11 ♌	12 ♍	Ascen ♎	2 ♎	3 ♏
H. M. S.	°	°	°	° '	°	°
6 0 0	0	4	4	0 0	26	26
6 4 22	1	5	5	0 52	27	27
6 8 43	2	6	6	1 44	28	28
6 13 5	3	6	7	2 35	29	29
6 17 26	4	7	8	3 28	♏	♐
6 21 48	5	8	9	4 20	1	1
6 26 9	6	9	10	5 11	2	2
6 30 30	7	10	11	6 3	3	3
6 34 51	8	11	12	6 55	3	4
6 39 11	9	12	13	7 47	4	5
6 43 31	10	13	14	8 38	5	6
6 47 51	11	14	15	9 30	6	7
6 52 11	12	15	15	10 21	7	8
6 56 31	13	16	16	11 13	8	9
7 0 50	14	17	17	12 4	9	10
7 5 8	15	18	18	12 55	10	11
7 9 26	16	19	19	13 46	11	12
7 13 44	17	20	20	14 37	12	13
7 18 1	18	21	21	15 28	13	14
7 22 18	19	22	22	16 19	14	15
7 26 34	20	23	23	17 9	14	16
7 30 50	21	24	23	18 0	15	17
7 35 5	22	25	24	18 50	16	18
7 39 20	23	26	25	19 41	17	19
7 43 34	24	27	26	20 30	18	20
7 47 47	25	28	27	21 20	19	21
7 52 0	26	29	28	22 11	20	22
7 56 12	27	♍	29	23 0	21	23
8 0 24	28	1	♎	23 50	21	24
8 4 35	29	2	1	24 38	22	24
8 8 45	30	3	2	25 28	23	25

Sidereal Time.	10 ♌	11 ♍	12 ♎	Ascen ♎	2 ♏	3 ♐
H. M. S.	°	°	°	° '	°	°
8 8 45	0	3	2	25 28	23	25
8 12 54	1	4	3	26 17	24	26
8 17 3	2	5	4	27 5	25	27
8 21 11	3	6	5	27 54	26	28
8 25 19	4	7	6	28 43	27	29
8 29 26	5	8	7	29 31	28	♑
8 33 31	6	9	7	0♏20	28	1
8 37 37	7	10	8	1 8	29	2
8 41 41	8	11	9	1 56	♐	3
8 45 45	9	12	10	2 43	1	4
8 49 48	10	13	11	3 31	2	5
8 53 51	11	14	12	4 18	3	6
8 57 52	12	15	12	5 6	4	7
9 1 53	13	16	13	5 53	5	8
9 5 53	14	17	14	6 40	5	9
9 9 53	15	18	15	7 27	6	10
9 13 52	16	19	16	8 13	7	10
9 17 50	17	20	17	9 0	8	11
9 21 47	18	21	18	9 46	9	12
9 25 44	19	22	19	10 33	10	13
9 29 40	20	23	19	11 19	10	14
9 33 35	21	24	20	12 4	11	15
9 37 29	22	24	21	12 50	12	16
9 41 23	23	25	22	13 36	13	17
9 45 16	24	26	23	14 21	14	18
9 49 9	25	27	24	15 7	15	19
9 53 1	26	28	24	15 52	15	20
9 56 52	27	29	25	16 38	16	21
10 0 43	28	♎	26	17 22	17	22
10 4 33	29	1	27	18 7	18	23
10 8 23	30	2	28	18 52	19	24

Sidereal Time.	10 ♍	11 ♎	12 ♎	Ascen ♏	2 ♐	3 ♑
H. M. S.	°	°	°	° '	°	°
10 8 23	0	2	28	18 52	19	24
10 12 12	1	3	29	19 36	20	25
10 16 0	2	4	29	20 22	20	26
10 19 48	3	5	♏	21 7	21	27
10 23 35	4	6	1	21 51	22	28
10 27 22	5	7	1	22 35	23	28
10 31 8	6	7	2	23 20	24	29
10 34 54	7	8	3	24 4	25	♒
10 38 40	8	9	4	24 48	25	1
10 42 25	9	10	5	25 33	26	2
10 46 9	10	11	6	26 17	27	3
10 49 53	11	12	7	27 2	28	4
10 53 37	12	13	7	27 46	29	5
10 57 20	13	14	8	28 29	♑	6
11 1 3	14	15	9	29 14	1	7
11 4 46	15	16	10	29 57	1	8
11 8 28	16	17	11	0♐42	2	9
11 12 10	17	17	11	1 27	3	10
11 15 52	18	18	12	2 10	4	11
11 19 34	19	19	13	2 55	5	12
11 23 15	20	20	14	3 38	6	13
11 26 56	21	21	14	4 23	7	14
11 30 37	22	22	15	5 6	7	15
11 34 18	23	23	16	5 52	8	16
11 37 58	24	23	17	6 36	9	17
11 41 39	25	24	18	7 20	10	18
11 45 19	26	25	18	8 5	11	19
11 49 0	27	26	19	8 48	12	20
11 52 40	28	27	20	9 37	13	22
11 56 20	29	28	21	10 22	14	23
12 0 0	30	29	21	11 7	15	24

TABLES OF HOUSES FOR NEW YORK, Latitude 40° 43' *N.*

Sidereal Time.	10 ♎	11 ♎	12 ♏	Ascen ♐	2 ♑	3 ♒
H. M. S.	°	°	°	° '	°	°
12 0 0	0	29	21	11 7	15	24
12 3 40	1	♏	22	11 52	16	25
12 7 20	2	1	23	12 37	17	26
12 11 0	3	1	24	13 19	17	27
12 14 41	4	2	25	14 7	18	28
12 18 21	5	3	25	14 52	19	29
12 22 2	6	4	26	15 38	20	♓
12 25 42	7	5	27	16 23	21	1
12 29 23	8	6	28	17 11	22	2
12 33 4	9	6	28	17 58	23	3
12 36 45	10	7	29	18 45	24	4
12 40 26	11	8	♐	19 32	25	5
12 44 8	12	9	1	20 20	26	7
12 47 50	13	10	2	21 8	27	8
12 51 32	14	11	2	21 57	28	9
12 55 14	15	12	3	22 43	29	10
12 58 57	16	13	4	23 33	♒	11
13 2 40	17	13	5	24 22	1	12
13 6 23	18	14	6	25 11	2	13
13 10 7	19	15	7	26 1	3	15
13 13 51	20	16	7	26 51	5	16
13 17 35	21	17	8	27 40	6	17
13 21 20	22	18	9	28 32	7	18
13 25 6	23	19	10	29 23	8	19
13 28 52	24	19	10	0♑14	9	20
13 32 38	25	20	11	1 7	10	21
13 36 25	26	21	12	2 0	11	23
13 40 12	27	22	13	2 52	12	24
13 44 0	28	23	13	3 46	13	25
13 47 48	29	24	14	4 41	15	26
13 51 37	30	25	15	5 35	16	27

Sidereal Time.	10 ♏	11 ♏	12 ♐	Ascen ♑	2 ♒	3 ♓
H. M. S.	°	°	°	° '	°	°
13 51 37	0	25	15	5 35	16	27
13 55 27	1	25	16	6 30	17	29
13 59 17	2	26	17	7 27	18	♈
14 3 8	3	27	18	8 23	20	1
14 6 59	4	28	18	9 20	21	2
14 10 51	5	29	19	10 18	22	3
14 14 44	6	♐	20	11 16	23	5
14 18 37	7	1	21	12 15	24	6
14 22 31	8	2	22	13 15	26	7
14 26 25	9	2	23	14 16	27	8
14 30 20	10	3	24	15 17	28	9
14 34 16	11	4	24	16 19	♓	11
14 38 13	12	5	25	17 23	1	12
14 42 10	13	6	26	18 27	2	13
14 46 8	14	7	27	19 32	4	14
14 50 7	15	8	28	20 37	5	16
14 54 7	16	9	29	21 44	6	17
14 58 7	17	10	♑	22 51	8	18
15 2 8	18	10	1	23 59	9	19
15 6 9	19	11	2	25 9	11	20
15 10 12	20	12	3	26 19	12	22
15 14 15	21	13	4	27 31	14	23
15 18 19	22	14	5	28 43	15	24
15 22 23	23	15	6	29 57	16	25
15 26 29	24	16	6	1♒14	18	26
15 30 35	25	17	7	2 28	19	28
15 34 41	26	18	8	3 46	21	29
15 38 49	27	19	9	5 5	22	♉
15 42 57	28	20	10	6 25	24	1
15 47 6	29	21	11	7 46	25	3
15 51 15	30	21	13	9 8	27	4

Sidereal Time.	10 ♐	11 ♐	12 ♑	Ascen ♒	2 ♓	3 ♉
H. M. S.	°	°	°	° '	°	°
15 51 15	0	21	13	9 8	27	4
15 55 25	1	22	14	10 31	28	5
15 59 36	2	23	15	11 56	♈	6
16 3 48	3	24	16	13 23	1	7
16 8 0	4	25	17	14 50	3	9
16 12 13	5	26	18	16 9	4	10
16 16 26	6	27	19	17 50	6	11
16 20 40	7	28	20	19 22	7	12
16 24 55	8	29	21	20 56	9	13
16 29 10	9	♑	22	22 30	11	15
16 33 26	10	1	23	24 7	12	16
16 37 42	11	2	24	25 44	14	17
16 41 59	12	3	26	27 23	15	18
16 46 16	13	4	27	29 4	17	19
16 50 34	14	5	28	0♓45	18	20
16 54 52	15	6	29	2 27	20	22
16 59 10	16	7	♒	4 11	21	23
17 3 29	17	8	2	5 56	23	24
17 7 49	18	9	3	7 43	24	25
17 12 9	19	10	4	9 30	26	26
17 16 29	20	11	5	11 18	27	27
17 20 49	21	12	7	13 8	29	28
17 25 9	22	13	8	14 57	♉	♊
17 29 30	23	14	9	16 48	2	1
17 33 51	24	15	10	18 41	3	2
17 38 12	25	16	12	20 33	5	3
17 42 34	26	17	13	22 25	6	4
17 46 55	27	19	14	24 19	7	5
17 51 17	28	20	16	26 12	9	6
17 55 38	29	21	17	28 7	10	7
18 0 0	30	22	18	30 0	12	9

Sidereal Time.	10 ♑	11 ♑	12 ♒	Ascen ♈	2 ♉	3 ♊
H. M. S.	°	°	°	° '	°	°
18 0 0	0	22	18	0 0	12	9
18 4 22	1	23	20	1 53	13	10
18 8 43	2	24	21	3 48	14	11
18 13 5	3	25	23	5 41	16	12
18 17 26	4	26	24	7 35	17	13
18 21 48	5	27	25	9 27	18	14
18 26 9	6	28	27	11 19	20	15
18 30 30	7	29	28	13 12	21	16
18 34 51	8	♒	♓	15 3	22	17
18 39 11	9	2	1	16 52	23	18
18 43 31	10	3	3	18 42	25	19
18 47 51	11	4	4	20 30	26	20
18 52 11	12	5	5	22 17	27	21
18 56 31	13	6	7	24 4	29	22
19 0 50	14	7	9	25 49	♊	23
19 5 8	15	9	10	27 33	1	24
19 9 26	16	10	12	29 15	2	25
19 13 44	17	11	13	0♉56	3	26
19 18 1	18	12	15	2 37	4	27
19 22 18	19	13	16	4 16	6	28
19 26 34	20	14	18	5 53	7	29
19 30 50	21	16	19	7 30	8	♋
19 35 5	22	17	21	9 4	9	1
19 39 20	23	18	22	10 38	10	2
19 43 34	24	19	24	12 10	11	3
19 47 47	25	20	25	13 41	12	4
19 52 0	26	21	27	15 10	13	5
19 56 12	27	23	29	16 37	14	6
20 0 24	28	24	♈	18 4	15	7
20 4 35	29	25	2	19 29	16	8
20 8 45	30	26	3	20 52	17	9

Sidereal Time.	10 ♒	11 ♒	12 ♈	Ascen ♉	2 ♊	3 ♋
H. M. S.	°	°	°	° '	°	°
20 8 45	0	26	3	20 52	17	9
20 12 54	1	27	5	22 14	18	9
20 17 3	2	29	6	23 35	19	10
20 21 11	3	♓	8	24 55	20	11
20 25 19	4	1	9	26 14	21	12
20 29 26	5	2	11	27 32	22	13
20 33 31	6	3	12	28 46	23	14
20 37 37	7	5	14	0♊ 3	24	15
20 41 41	8	6	15	1 17	25	16
20 45 45	9	7	16	2 29	26	17
20 49 48	10	8	18	3 41	27	18
20 53 51	11	10	19	4 51	28	19
20 57 52	12	11	21	6 1	29	20
21 1 53	13	12	22	7 9	♋	20
21 5 53	14	13	24	8 16	1	21
21 9 53	15	14	25	9 23	2	22
21 13 52	16	16	26	10 30	3	23
21 17 50	17	17	28	11 33	4	24
21 21 47	18	18	29	12 37	5	25
21 25 44	19	19	♉	13 41	6	26
21 29 40	20	21	2	14 43	6	27
21 33 35	21	22	3	15 44	7	28
21 37 29	22	23	4	16 45	8	28
21 41 23	23	24	6	17 45	9	29
21 45 16	24	25	7	18 44	10	♌
21 49 9	25	27	8	19 42	11	1
21 53 1	26	28	9	20 40	12	2
21 56 52	27	29	11	21 37	12	3
22 0 43	28	♈	12	22 33	13	4
22 4 33	29	1	13	23 30	14	5
22 8 23	30	3	14	24 25	15	5

Sidereal Time.	10 ♓	11 ♈	12 ♉	Ascen ♊	2 ♋	3 ♌
H. M. S.	°	°	°	° '	°	°
22 8 23	0	3	14	24 25	15	5
22 12 12	1	4	15	25 19	16	6
22 16 0	2	5	17	26 14	17	7
22 19 48	3	6	18	27 8	17	8
22 23 35	4	7	19	28 0	18	9
22 27 22	5	8	20	28 53	19	10
22 31 8	6	10	21	29 46	20	11
22 34 54	7	11	22	0♋37	21	11
22 38 40	8	12	23	1 28	21	12
22 42 25	9	13	24	2 20	22	13
22 46 9	10	14	25	3 9	23	14
22 49 53	11	15	27	3 59	24	15
22 53 37	12	17	28	4 49	24	16
22 57 20	13	18	29	5 38	25	17
23 1 3	14	19	♊	6 27	26	17
23 4 46	15	20	1	7 17	27	18
23 8 28	16	21	2	8 3	28	19
23 12 10	17	22	3	8 52	28	20
23 15 52	18	23	4	9 40	29	21
23 19 34	19	24	5	10 28	♌	22
23 23 15	20	26	6	11 15	1	23
23 26 56	21	27	7	12 2	2	23
23 30 37	22	28	8	12 49	2	24
23 34 18	23	29	9	13 37	3	25
23 37 58	24	♉	10	14 22	4	26
23 41 39	25	1	11	15 8	5	27
23 45 19	26	2	12	15 53	5	28
23 49 0	27	3	12	16 41	6	29
23 52 40	28	4	13	17 23	7	29
23 56 20	29	5	14	18 8	8	♍
24 0 0	30	6	15	18 53	9	1

PROPORTIONAL LOGARITHMS FOR FINDING THE PLANETS' PLACES

DEGREES OR HOURS

Min	0	1	2	3	4	5	6	7	8	9	10	11	12	13	14	15	Min
0	3.1584	1.3802	1.0792	9031	7781	6812	6021	5351	4771	4260	3802	3388	3010	2663	2341	2041	**0**
1	3.1584	1.3730	1.0756	9007	7763	6798	6009	5341	4762	4252	3795	3382	3004	2657	2336	2036	**1**
2	2.8573	1.3660	1.0720	8983	7745	6784	5997	5330	4753	4244	3788	3375	2998	2652	2330	2032	**2**
3	2.6812	1.3590	1.0685	8959	7728	6769	5985	5320	4744	4236	3780	3368	2992	2646	2325	2027	**3**
4	2.5563	1.3522	1.0649	8935	7710	6755	5973	5310	4735	4228	3773	3362	2986	2640	2320	2022	**4**
5	2.4594	1.3454	1.0614	8912	7692	6741	5961	5300	4726	4220	3766	3355	2980	2635	2315	2017	**5**
6	2.3802	1.3388	1.0580	8888	7674	6726	5949	5289	4717	4212	3759	3349	2974	2629	2310	2012	**6**
7	2.3133	1.3323	1.0546	8865	7657	6712	5937	5279	4708	4204	3752	3342	2968	2624	2305	2008	**7**
8	2.2553	1.3258	1.0511	8842	7639	6698	5925	5269	4699	4196	3745	3336	2962	2618	2300	2003	**8**
9	2.2041	1.3195	1.0478	8819	7622	6684	5913	5259	4690	4188	3737	3329	2956	2613	2295	1998	**9**
10	2.1584	1.3133	1.0444	8796	7604	6670	5902	5249	4682	4180	3730	3323	2950	2607	2289	1993	**10**
11	2.1170	1.3071	1.0411	8773	7587	6656	5890	5239	4673	4172	3723	3316	2944	2602	2284	1988	**11**
12	2.0792	1.3010	1.0378	8751	7570	6642	5878	5229	4664	4164	3716	3310	2938	2596	2279	1984	**12**
13	2.0444	1.2950	1.0345	8728	7552	6628	5866	5219	4655	4156	3709	3303	2933	2591	2274	1979	**13**
14	2.0122	1.2891	1.0313	8706	7535	6614	5855	5209	4646	4148	3702	3297	2927	2585	2269	1974	**14**
15	1.9823	1.2833	1.0280	8683	7518	6600	5843	5199	4638	4141	3695	3291	2921	2580	2264	1969	**15**
16	1.9542	1.2775	1.0248	8661	7501	6587	5832	5189	4629	4133	3688	3284	2915	2574	2259	1965	**16**
17	1.9279	1.2719	1.0216	8639	7484	6573	5820	5179	4620	4125	3681	3278	2909	2569	2254	1960	**17**
18	1.9031	1.2663	1.0185	8617	7467	6559	5809	5169	4611	4117	3674	3271	2903	2564	2249	1955	**18**
19	1.8796	1.2607	1.0153	8595	7451	6546	5797	5159	4603	4109	3667	3265	2897	2558	2244	1950	**19**
20	1.8573	1.2553	1.0122	8573	7434	6532	5786	5149	4594	4102	3660	3258	2891	2553	2239	1946	**20**
21	1.8361	1.2499	1.0091	8552	7417	6519	5774	5139	4585	4094	3653	3252	2885	2547	2234	1941	**21**
22	1.8159	1.2445	1.0061	8530	7401	6505	5763	5129	4577	4086	3646	3246	2880	2542	2229	1936	**22**
23	1.7966	1.2393	1.0030	8509	7384	6492	5752	5120	4568	4079	3639	3239	2874	2536	2223	1932	**23**
24	1.7781	1.2341	1.0000	8487	7368	6478	5740	5110	4559	4071	3632	3233	2868	2531	2218	1927	**24**
25	1.7604	1.2289	0.9970	8466	7351	6465	5729	5100	4551	4063	3625	3227	2862	2526	2213	1922	**25**
26	1.7434	1.2239	0.9940	8445	7335	6451	5718	5090	4542	4055	3618	3220	2856	2520	2208	1917	**26**
27	1.7270	1.2188	0.9910	8424	7318	6438	5706	5081	4534	4048	3611	3214	2850	2515	2203	1913	**27**
28	1.7112	1.2139	0.9881	8403	7302	6425	5695	5071	4525	4040	3604	3208	2845	2509	2198	1908	**28**
29	1.6960	1.2090	0.9852	8382	7286	6412	5684	5061	4516	4032	3597	3201	2839	2504	2193	1903	**29**
30	1.6812	1.2041	0.9823	8361	7270	6398	5673	5051	4508	4025	3590	3195	2833	2499	2188	1899	**30**
31	1.6670	1.1993	0.9794	8341	7254	6385	5662	5042	4499	4017	3583	3189	2827	2493	2183	1894	**31**
32	1.6532	1.1946	0.9765	8320	7238	6372	5651	5032	4491	4010	3576	3183	2821	2488	2178	1889	**32**
33	1.6398	1.1899	0.9737	8300	7222	6359	5640	5023	4482	4002	3570	3176	2816	2483	2173	1885	**33**
34	1.6269	1.1852	0.9708	8279	7206	6346	5629	5013	4474	3994	3563	3170	2810	2477	2168	1880	**34**
35	1.6143	1.1806	0.9680	8259	7190	6333	5618	5003	4466	3987	3556	3164	2804	2472	2164	1875	**35**
36	1.6021	1.1761	0.9652	8239	7174	6320	5607	4994	4457	3979	3549	3157	2798	2467	2159	1871	**36**
37	1.5902	1.1716	0.9625	8219	7159	6307	5596	4984	4449	3972	3542	3151	2793	2461	2154	1866	**37**
38	1.5786	1.1671	0.9597	8199	7143	6294	5585	4975	4440	3964	3535	3145	2787	2456	2149	1862	**38**
39	1.5673	1.1627	0.9570	8179	7128	6282	5574	4965	4432	3957	3529	3139	2781	2451	2144	1857	**39**
40	1.5563	1.1584	0.9542	8159	7112	6269	5563	4956	4424	3949	3522	3133	2775	2445	2139	1852	**40**
41	1.5456	1.1540	0.9515	8140	7097	6256	5552	4947	4415	3942	3515	3126	2770	2440	2134	1848	**41**
42	1.5351	1.1498	0.9488	8120	7081	6243	5541	4937	4407	3934	3508	3120	2764	2435	2129	1843	**42**
43	1.5249	1.1455	0.9462	8101	7066	6231	5531	4928	4399	3927	3501	3114	2758	2430	2124	1838	**43**
44	1.5149	1.1413	0.9435	8081	7050	6218	5520	4918	4390	3919	3495	3108	2753	2424	2119	1834	**44**
45	1.5051	1.1372	0.9409	8062	7035	6205	5509	4909	4382	3912	3488	3102	2747	2419	2114	1829	**45**
46	1.4956	1.1331	0.9383	8043	7020	6193	5498	4900	4374	3905	3481	3096	2741	2414	2109	1825	**46**
47	1.4863	1.1290	0.9356	8023	7005	6180	5488	4890	4365	3897	3475	3089	2736	2409	2104	1820	**47**
48	1.4771	1.1249	0.9330	8004	6990	6168	5477	4881	4357	3890	3468	3083	2730	2403	2099	1816	**48**
49	1.4682	1.1209	0.9305	7985	6975	6155	5466	4872	4349	3882	3461	3077	2724	2398	2095	1811	**49**
50	1.4594	1.1170	0.9279	7966	6960	6143	5456	4863	4341	3875	3454	3071	2719	2393	2090	1806	**50**
51	1.4508	1.1130	0.9254	7947	6945	6131	5445	4853	4333	3868	3448	3065	2713	2388	2085	1802	**51**
52	1.4424	1.1091	0.9228	7929	6930	6118	5435	4844	4324	3860	3441	3059	2707	2382	2080	1797	**52**
53	1.4341	1.1053	0.9203	7910	6915	6106	5424	4835	4316	3853	3434	3053	2702	2377	2075	1793	**53**
54	1.4260	1.1015	0.9178	7891	6900	6094	5414	4826	4308	3846	3428	3047	2696	2372	2070	1788	**54**
55	1.4180	1.0977	0.9153	7873	6885	6081	5403	4817	4300	3838	3421	3041	2691	2367	2065	1784	**55**
56	1.4102	1.0939	0.9128	7854	6871	6069	5393	4808	4292	3831	3415	3034	2685	2362	2061	1779	**56**
57	1.4025	1.0902	0.9104	7836	6856	6057	5382	4798	4284	3824	3408	3028	2679	2356	2056	1774	**57**
58	1.3949	1.0865	0.9079	7818	6841	6045	5372	4789	4276	3817	3401	3022	2674	2351	2051	1770	**58**
59	1.3875	1.0828	0.9055	7800	6827	6033	5361	4780	4268	3809	3395	3016	2668	2346	2046	1765	**59**
	0	1	2	3	4	5	6	7	8	9	10	11	12	13	14	15	

RULE: – Add proportional log. of planet's daily motion to log. of time from noon, and the sum will be the log. of the motion required. Add this to planet's place at noon, if time be p.m., but subtract if a.m., and the sum will be planet's true place. If Retrograde, subtract for p.m., but add for a.m.

What is the Long. of ☽ October 10, 2013 at 2.15p.m.?

☽'s daily motion – 14° 12′

Prop. Log. of 14° 12′ .... .2279

Prop. Log. of 2h. 15m. 1.0280

☽'s motion in 2h. 15m. = 1° 20′ or Log. 1.2559

☽'s Long. = 28° ♐ 03′ + 1°20′ = 29° ♐ 23′

The Daily Motions of the Sun, Moon, Mercury, Venus and Mars will be found on pages 26 to 28.